理论+工具+方法，打造三位一体的班组管理方案

班组长
质量管理
工作手册

文义明 编著

优秀企业看中层，卓越企业看基层
培养金牌班组长，助力企业从优秀走向卓越

（第二版）

BANZUZHANG ZHILIANG GUANLI GONGZUO SHOUCE

经济管理出版社
ECONOMY & MANAGEMENT PUBLISHING HOUSE

图书在版编目（CIP）数据

班组长质量管理工作手册/文义明编著. —2版. —北京：经济管理出版社，2018.9
ISBN 978-7-5096-5960-1

Ⅰ. ①班… Ⅱ. ①文… Ⅲ. ①班组管理—质量管理—手册 Ⅳ. ①F406.6-62

中国版本图书馆CIP数据核字(2018)第200185号

组稿编辑：张永美
责任编辑：张永美
责任印制：黄章平
责任校对：超　凡

出版发行：经济管理出版社
　　　　　（北京市海淀区北蜂窝8号中雅大厦A座11层　100038）
网　　址：www.E-mp.com.cn
电　　话：(010)51915602
印　　刷：三河市延风印装有限公司
经　　销：新华书店
开　　本：720mm×1000mm/16
印　　张：13.5
字　　数：221千字
版　　次：2018年11月第2版　2018年11月第1次印刷
书　　号：ISBN 978-7-5096-5960-1
定　　价：39.00元

前　言

随着全民质量意识的不断增强，消费者对产品质量的要求也越来越高，产品要赢得市场，质量是根本保证，质量就是效益，就是企业的生命。

"对产品来说，不是100分就是0分"。这是日本经营之神松下幸之助的一句名言，意思就是说任何产品，只要存在一丝一毫的质量问题，都意味着失败。话虽简单，却蕴含着深刻的道理。100件产品，99件质量过硬，哪怕只有1件是次品，都意味着该产品有可能百分之百失去市场的竞争力，正所谓"千里之堤，溃于蚁穴"。因此，如果一个企业生产的产品不能满足消费者的需求，就只能被市场淘汰。

正所谓"质量是生产出来的"，企业要抓好产品质量，首先应从生产上抓起。如果员工在生产产品的过程中操作不规范、工作不细心、质量意识不强，就可能会造成质量问题甚至事故。而班组作为直接参与生产的基层组织，其工作的好坏直接决定了产品的质量，也直接决定了企业的生死存亡，甚至直接决定了消费者的人身安全。班组长作为生产线上的基层领头人物，必须清楚自己和自己的团队与企业产品质量之间的关系，带领本班组积极落实企业的各项保证产品质量的规章制度，不断提高本班组成员的质量意识，将"质量是一种态度"的观念落实到每一位员工的工作中去。在实际工作中，班组长还应注意生产过程中每一道工序的每一个细节，加强对每一道工序的关键点的控制，保证产品的最终质量。

一个尽职尽责的班组长，能够带领班组员工做好生产现场的质量控制工作，减少企业产品质量问题的发生。这就要求班组长既要有优秀的质量管理能力，又要有保证产品质量的技术水平，还要有很强的责任意识，更要有对产品质量绝不松懈的态度。所以，班组长必须学会一套系统、科学、灵活有效的质量管理方法。

为了充分发挥班组长基层负责人的作用，解决班组实际工作中遇到的现实问题，使班组在生产过程中抓好质量问题，使产品质量在班组的努力下达到合格的管理目标，我们探究班组长质量管理的特点，结合企业质量管理的实际状况，组织编写了这本《班组长质量管理手册》。

本书结合企业实际发展情况，全面分析了质量管理的基本常识以及班组质量管理的主要内容，详细阐述了人、机、料、法、环等对产品质量产生影响的各个因素，同时还深入介绍了质量改进的一些科学方法，内容不仅包括班组长在质量管理中的责任和义务，还包括影响产品质量的各个因素：物料质量管理、设备质量管理、质量检验的形式和方法、现场质量控制的方法等。

为了适应读者的需求，本书更趋向于简单化，提取班组质量管理知识的要点，将管理理论和工作方法结合起来，能够让班组长抓住班组生产现场质量管理的重点，提高班组长质量管理的工作效率和工作质量，实用性更强。通过本书，班组长可以有效解决在质量管理中出现的组织不好、管理效果不突出、指挥不力等问题，让班组长在质量管理中更加得心应手。

本书可操作性强，既是班组长质量管理的案头手册，也是其他一线管理人员的参考用书，堪称企业质量管理的必备工具书。

目　录

第一章 质量决定成败：班组是质量管理的主战场

第一节 质量管理的基本常识

质量的含义和特征

一、质量的含义

质量是一个物体本身的属性，它所包含的内容非常丰富，而且随着社会经济和科学技术的发展，其内容也在不断充实、完善和深化。目前，比较具有代表性的概念有以下几点。

1. 朱兰的定义

美国著名的质量管理专家朱兰博士提出：产品质量就是产品的适用性。也就是说，质量是产品在使用时能成功地满足用户需要的程度，而适用就是顾客对产品的基本要求。这从顾客的角度恰如其分地表达了质量的内涵。

2. 美国其他质量管理专家的定义

美国质量管理专家克劳斯比从生产者的角度出发，将质量概括为"产品符合规定要求的程度"。

德鲁克是美国的质量管理大师，他认为"质量就是满足需要"。

我们可以从以下两个方面来理解他们的定义：首先人们使用产品，就会对产品的质量有一定的要求，而这些要求往往受到一些因素的影响（如使用时间、使用地点、使用对象、社会环境和市场竞争等），人们会根据这些因素的变化对同一产品提出不同的质量要求。因此，质量是一个动态的、变化的、发展的概念，而不是固定不变的，它会随着时间、地点和用户的不断变化而变化，也会随着社会的发展和技术的进步不断更新和丰富。其次，用户对产品的使用要求的满足程度，体现在对产品的经济特性、性能、心理特性和服务特性等方面。因此，质量并不要求技术特性越高越好，而是追求产品在性能、成本、数量、交货期、服务等方面的最佳组合，是一个综合的概念。

3. ISO9000：2005"质量"定义

ISO9000 相对于 ISO8402 的术语，更直接地表述了质量的属性。国际标准化组织（ISO）2005 年颁布的 ISO9000：2005《质量管理体系基础和术语》中将质量定义为：一组固有特性满足要求的程度。该认证标准认为，质量不单单是某一产品的质量，也可以是生产该产品这一活动的工作活动或某一过程的质量，还可以指生产该产品的企业的信誉度。

以上是几种有关质量概念的表述。综上，我们可以把质量从广义和狭义两方面来进行理解。广义的质量是指产品、过程或服务满足人们某种需要的特征和特性的总和，它可分为产品质量、工序质量和工作质量。而狭义的质量则单指产品质量，包括产品的结构、精度、性能、外观、保质期、价格等。

二、质量的特征

质量有以下三个特征，如图 1-1 所示。

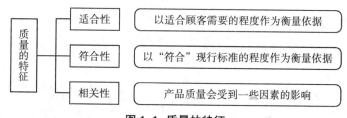

图 1-1　质量的特征

质量是成败之关键

朱镕基曾说过："质量是企业的生命，质量管理是企业管理的纲要。"在经济全球化的今天，随着产品时代的到来，企业应该更加重视产品的质量。

产品的质量是保证企业能够持续发展的基石，是企业赖以生存的源泉，对企业形成自己的品牌效应起着决定性的作用，如果产品经常出现质量问题，必然会撼动企业生存和发展的根基。可以说，质量决定了企业的成败！如果某产品投放到市场后有一位顾客对产品质量不满意，就会直接或间接地影响其他潜在的顾客。产品质量问题返修率高，品牌口碑差，产销量上不去，这家企业还怎么能长久地生存下去呢？我们也常常会看到或听到某企业生产的产品因为质量问题而被媒体、网络曝光，这些事件对产品销售的负面影响是可想而知的。

因此，能够长久发展的企业，必然在产品质量上有制胜之道，只有品质优秀的产品才能支撑起一个企业，并使该企业得以发展壮大。

在当今社会，由于质量的内涵已越来越丰富，质量好坏的问题，说到底是关乎企业生死存亡的战略性问题。企业的产品要投放到市场上，都需要经过诸多严格的认证。所以，企业不能只在乎眼前利益，为获得高利润，在产品质量上打折扣，而应着眼于大局，脚踏实地，管理好生产过程中的各个环节，在控制好产品生产成本的基础上，切实保证产品的质量，打造自己的品牌，提高企业品牌的社会知名度。

如果我们等到产品质量出了问题再采取补救措施，不仅要付出额外的成本，还会严重损害企业的形象。如进行物料检验，如果发现物料不符合要求，就需要再次挑选物料进行生产，这不仅影响生产效率，而且将造成产能的损失；又如车间生产的成品，如果客户在验货时发现质量问题，将造成返工损失。

质量是取得成功的关键。由不同的国家政府、国际组织和工业协会所做的研究表明，企业的生存、发展和不断进步都要依靠质量保证体系的有效实施。事实证明，有效的质量管理是在激烈的市场竞争中取胜的手段之一。

企业不重视质量管理，最终将由盛转衰。因为质量管理对企业的作用是显而易见的，完善的质量管理体系不仅能提高企业的经济利益与竞争能力，还能提升一个企业的综合管理水平和技术水平，反映出企业的精神文明建设状况。总之，在社会主义市场经济的竞争中，企业的产品或服务的质量往往决定了企业的兴衰存亡。

质量管理的意义

质量管理是企业生产管理的重要组成部分，一套好的质量管理方法是企业的无形财富。质量管理的意义可以从以下两个方面来理解。

一、微观层面上

（1）质量管理是企业品牌的保护伞，严抓质量管理可以提高品牌美誉度，美化企业的形象。

（2）用户对产品质量的要求越来越高，提高质量能加强企业在市场中的竞争力。

（3）产品质量提升能够赢得更多的顾客，因此好的质量会给企业带来较高的利润回报。

（4）质量是企业赖以生存和发展的保证，是开拓市场的生命线。

二、宏观层面上

（1）随着经济全球化的到来，各国之间的经济竞争很大程度上体现在该国的产品和服务质量上。质量水平的高低是一个国家经济、科技、教育和管理水平高低的综合反映。

（2）随着人们生活水平的提高，很多顾客在消费时，越来越注重产品质量，质量稳定的高质量产品会比质量不稳定的低质量产品拥有更多的市场份额。

（3）产品质量高也可以降低成本，使企业获得更高的利润。

（4）企业加强质量管理，上升到社会责任感的层面，能够维护人们的生活以及身心健康，是对社会负责任的表现。

质量管理的内容

质量管理通常包括建立质量责任制、制定质量管理标准、质量过程控制、质量保证和质量改进等活动。其具体工作内容如下。

一、建立质量责任制

质量责任制是为了保证产品或服务质量，而明确规定企业中的每个人在质量工作上的责任、权限与物质利益的制度。建立质量责任制是企业开展全面质量管理的一项基础性工作，也是企业建立质量体系中不可缺少的内容。企业中的每一个部门、每一个职工都应明确规定他们的具体任务，应承担的责任和权利范围，做到事事有人管，人人有专责，办事有标准，考核有依据。把同质量有关的各项工作与广大职工的积极性和责任心结合起来，形成一个严密的质量管理工作系统，一旦发现产品质量问题，可以迅速进行质量跟踪，查清质量责任，总结经验教训，更好地保证和提高产品质量。在企业内部形成一个严密有效的全面质量管理工作体系，这样才能为提高产品质量提供基本保证。

二、制定严格的质量管理标准

企业开展质量管理工作，首先要制定严格的质量管理标准。所谓质量管理标准，是指以包括产品质量管理和工作质量管理在内的全面质量管理事项为对象而制定的标准。企业应根据企业质量的总标准，结合自身的实际情况，制定质量管理标准。而作为企业基层的质量管理者——班组长，在质量管理工作中，应该严格按照标准进行管理。同时，班组成员也要积极配合班组长的工作，制定个人工作目标和操作标准。

三、加强质量管理的过程控制

质量好的产品是生产出来的，不是靠检验出来的，所以稳定的产品质量需要整个过程的质量控制。事实上，有很多企业都不重视对质量管理过程的控制，对员工习惯性地以罚代管，在出现质量问题后才追究其责任，采取补救措施，这样不仅要使企业付出额外的成本，还会严重损害企业的形象，丢失潜在的市场和消费者。因此，企业要充分重视产品在生产过程中的质量控制。在实际工作中，企业应加强对员工的质量知识的培训、对原材料采购把关和技术研发的把关，同时还要对生产现场严格管理，规范员工的操作行为等。

四、质量的保证和改进

企业在质量管理工作中要有决不放松的态度，定期审视企业产品的质量水平，保持良好的状态，并在实际工作中不断发现问题，改进产品质量。为此，企业管理人员应时常到一线生产场所进行调研，加强与班组长之间的沟通，重视班组在质量管理中发挥的不可替代的作用。

同时，企业还应定期组织生产员工及其他相关人员进行教育和培训，不断提高作业人员的质量知识水平和技术能力，建立奖罚制度，对在质量管理中做出突出贡献的员工给予奖励。

此外，企业管理人员应定期组织对生产设备和质量检验工具进行更新和维护，或者改进生产工具或产品技术等，还应及时与售后服务部的工作人员进行联系，听取顾客的意见，及时做出调整，不断改进产品的质量。

质量管理的原则及其应用

一、质量管理的原则

尽管质量管理工作在提升企业产品质量方面起着非常重要的作用，企业也越来越重视质量的管理工作，但是在实施质量管理方面仍然存在着很大的差异和普遍的不足。好的质量管理，是在质量管理原则的基础上建立起来的。指导企业质量管理工作的原则有八项，具体内容如图1-2所示。

二、质量管理原则的应用

质量管理原则在质量管理活动中起着关键性和决定性的作用。那么，企业应该如何理解和应用这八项质量管理原则呢？

1. 以顾客为焦点

企业的生存和发展依赖于顾客。如果企业不能理解、满足或超越顾客当前及未来的需求，就将自己的发展置于危险之中。所以，企业应关注顾客，满足顾客的需求和期望。然而由于顾客的需求是不断变化的，企业就要随时

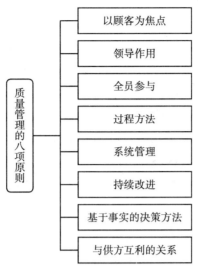

图 1-2 质量管理的八项原则

进行市场调查和分析，谋求在顾客和其他受益者（所有者、员工、供方、社会）的需求和期望之间的平衡。企业还要掌握顾客的满意程度，加强与顾客的沟通，并根据对顾客的调查和分析，采取必要的措施，不断满足顾客的需求。

实施以顾客为关注焦点的原则，将目标直接与顾客的需求和期望相关联，在企业方针和战略的制定上能够使员工更加理解顾客和其他受益者的需求，改进组织。

2. 领导作用

企业的最高管理者是一个企业的决策人，是领导一个企业的关键，他负责确立企业的宗旨和发展方向，能够创造一个适宜的工作环境，使员工能充分参与实现企业目标。企业管理人员应建立产品质量管理的方针和目标，并时刻注意企业经营的国内外环境；制定并及时更新相应的发展战略；将质量方针和质量管理的目标落实到各个职能部门。同时，管理者还应身体力行，建立有效的质量管理体系。

实施领导作用的原则，能使企业对产品质量有更加明确的认识，并通过授权和员工的参与，实现组织目标。

3. 全员参与

员工是企业的"细胞",是企业生产中最活跃的因素,优秀的质量管理,离不开企业全体员工的热情参与和积极维护。要实施全员参与,管理者就要积极接触员工,开展各项活动,要承担起解决问题的责任,主动地寻求机会进行改进,不断提升员工的技能、知识和经验,以提高产品质量,增加用户对企业产品的满意度,更好地向顾客和社会展示自己的成绩。

实施全员参与原则,能够使企业的员工主动承担起对企业目标的责任,为努力提高产品质量,不断促进管理者对决策的改进而共同努力。

4. 过程方法

企业实施过程方法的原则,能够使企业的管理者更好地识别在管理生产活动中众多相互关联的过程,并系统地管理企业所有的过程。

实施过程方法原则,要根据组织的作用识别过程的界面,并测量过程的输入和输出。实施过程方法原则,要能够明确地规定对过程进行管理的职责、权限和义务;评价可能存在的风险,因果关系以及内部过程与顾客、供方和其他受益者的过程之间可能存在的冲突。在设计过程时,应考虑过程的步骤、活动、流程、控制措施、培训需求、设备、方法、信息、材料和其他资源,以达到预期的结果。

实施该原则,能够增强结果的可预见性、缩短循环时间、更好地使用资源、降低成本;能够以避免失误、控制偏差、缩短循环时间、降低成本、增强输出的可预见性的方式得到运作的结果;减少在人力资源管理过程中的成本,能够把这些过程与组织的需要相结合,并造就一支有能力的劳动力队伍。

5. 系统管理

由于任何一家企业的组织架构都是错综复杂又相互关联的,因此,要使企业目标更加有效地实现,就必须对过程实施系统管理。因此,企业需要明确顾客的需求和期望,据此建立企业的质量方针和目标,并不断改进,防止不合格产品的出现,监督和评价改进效果。

实施管理系统原则,要通过识别或展开影响既定目标的过程来定义体系；理解体系的各个过程之间的内在关联性；以最有效地实现目标的方式建立体系。

实施该原则，能够在目标的设定方面，将各个过程的目标与组织的总体目标相关联；在方针和战略的制定方面，能够制定出与组织的作用和过程的输入相关联的全面的和具有挑战性的目标；在运作管理方面，能够对过程的有效性进行广泛的评审，还可以了解问题产生的原因并适时地进行改进；在人力资源管理方面，能够加深对于在实现共同目标方面所起作用和职责的理解，减少相互交叉职能间的障碍，改进团队工作。

6. 持续改进

随着市场竞争的日趋激烈，人们对物质和精神的需求不断提高，企业只有不断调整自己的经营战略和目标，提高质量管理水平，才能适应竞争日益激烈的市场环境。因此，持续改进质量管理是一个企业永葆生产发展的动力，企业应将持续改进质量管理作为必备的一种管理理念。持续改进管理质量就意味着持续满足顾客要求、增加效益、追求持续提高过程有效性和效率的活动。

实施持续改进的原则，要将持续改进产品、过程和体系作为企业的目标；在改进过程中，注意应用有关改进的理论进行（如渐进式的改进和突破式的改进），并识别具有改进潜力的区域；对员工进行专门的培训，并提供有关持续改进质量管理的方法和工具；企业管理者还要注意对改进效果给予承认和鼓励，并制定措施和目标，以指导和跟踪改进活动。

实施该原则，在战略和方针的制定方面，能够通过对战略和商务策划的持续改进，制定并实现更具竞争力的商务计划；在运作管理方面，不断改进过程，组织员工积极参与；在人力资源管理方面，为员工提供工具、机会和激励，以改进产品、过程和体系。

7. 基于事实的决策方法

准确的数据和信息是决策的依据，也就是说，决策应该是基于事实分析而得出的结论。因此，在决策之前，首先要识别信息和数据的来源，以获得更加准确而充分的数据和信息；其次要将得到的数据正确地传递给使用者，使其进行决策并采取措施。

实施基于事实的决策方法，首先要测量相关的目标值，收集数据和信息，并确保其可获取性、精确度和可靠性。其次要使用有效的方法分析数据和信息。最后要理解适宜的统计技术的价值，并根据分析结果以及经验和直觉，进行决策并采取行动。

实施该原则，从战略和方针制定上来说，能够根据准确的数据和信息进行战略方针的制定，使设定的战略方针更加实际。从运作管理上来说，由过程和体系的业绩所得出的数据和信息可促发改进和防止问题的再发生；从人力资源管理上来说，可以根据监督员工所得的数据，结合员工在生产过程中提出的建议，指导制定完善的人力资源管理制度；从目标的设定上来说，能够利用更加准确的数据和信息，制定更加实际的、具有挑战性的目标。

8. 与供应商互利的关系

供应商是企业生产发展的合作伙伴，其向企业提供的原材料的质量对企业向顾客提供的产品质量起着决定性的作用。因此，企业应将供应商视为合作伙伴，这样才能形成共同的竞争优势，实现成本的降低和资源的优化配置。

这就要求企业在形成经营和质量目标时，对提供原材料的供应商进行选择和评价，处理好与供应商之间的关系，并加以维护，共同开发和改进产品和过程，从而达成良好合作，互惠互利。

实施该原则，在方针和战略的制定方面，企业可以通过发展与供应商之间的关系，在市场中赢得竞争的优势；在运作管理方面，能够及时建立和维护与供应商之间的关系，确保供应商能够按时提供优质的原材料；在人力资源管理方面，为供应商提出建议和意见，并协助供应商共同改进，不断改进供应商的供货能力。

ISO9000 质量体系对质量管理的要求

一、什么是 ISO9000 认证

ISO（International Standardization Organization），是国际标准化组织的简称。1987 年，该组织提出 ISO9000 认证标准。1994 年，国际标准化组织质

量管理和质量保证技术委员会（ISO/TC176）提出 ISO9000 质量体系。ISO9000 认证标准是国际标准化组织（ISO）制定的国际标准之一。该标准可帮助组织实施并有效运行质量管理体系，是质量管理体系通用的要求和指南。20 世纪 90 年代，我国引进 ISO9000 认证标准，将 ISO9000 认证标准转化为国家标准，在各个行业中推行，转化为行业标准。

从 1987 年至今，ISO9000 体系一直都在增加标准，最新的标准是 2008 年版本，ISO9000：2008 体系里有 22 个标准和 3 个指导性文件。

二、ISO9000 认证的适用范围

ISO9000 认证对企业规模的大小没有限制，适用于各行各业。另外，国际上通过认证的企业涉及国民经济中的各行各业。

三、ISO9000 认证企业质量管理中的应用

（1）ISO9000 强调用户至上，让企业更加明确顾客对本企业产品的要求，通过体系中各个过程的运作，获取顾客需求、理解顾客需求，从而确定顾客要求，还可以测量顾客满意度，获取顾客满意程度的感受，以此增强顾客的信心，不断提高企业在顾客心中的地位，增加用户量。

（2）ISO9000 明确要求企业要从宏观的角度出发，制定质量方针和各层次质量目标，并及时获取质量目标的达成情况，判断质量管理体系运行的绩效；要求企业最高管理层直接参与质量管理体系活动，如要定期直接参与管理评审，掌握整个质量体系的整体状况，对体系中的不足之处采取措施，从企业层面保证资源的充分性。

（3）可以通过 ISO9000 明确企业各个部门和各工作人员的职责权限以及相互关系，并明确各级员工的能力要求，如技能、教育、经验和培训等方面，以此确保他们能够胜任质量管理中的各项工作。此外，通过全员参与到整个质量体系的建立、运行和维持活动中，确保各项工作能够有效进行，以保证公司各环节的顺利运作。

（4）ISO9000 可以对不合格产品起到控制的作用。企业可以通过对不合格产品的各个生产环节的控制，对于产生的不合格产品进行隔离、处置；通过制度化的数据分析，可以找出不合格产品产生的本质原因，并对其进行分析、纠正，采取相应措施以防止不合格产品的发生。这样做可以不断降低企业产生的不良质量成本，提高质量管理体系的有效性和效率，从而使企业的利润不断增长。

（5）ISO9000通过第三方注册审核对企业产品质量进行审查，这种单一的审核方式代替了累赘的第二方工厂审查。而且，企业可以通过这样的审核更深层次地发现本企业存在的问题，定期的监督审核对企业员工还能起到督促的作用，促使员工按照企业制定的质量管理体系规范来开展工作。

（6）ISO9000还是企业取得客户配套资格，进入国际市场的敲门砖，也是企业开展供应链管理很重要的依据。

第二节 班组与质量管理的关系

班组是质量管理的关键

在企业中，班组处于生产管理的一线，是企业质量管理工作的重要组成部分。作为企业的基层组织，班组虽然是最小的单位，却是完成计划、组织、控制、协调等各方面工作的最直接参与者，它也是开展企业质量管理、控制产品生产过程、实施质量改进的最基层的执行单位，是质量管理的关键。班组在企业质量管理中的作用主要体现在以下几个方面：

一、班组质量管理在企业质量建设中发挥着基点的作用

班组是企业质量管理的基点，质量管理是班组建设的重要内容之一。班组长要负责将企业质量管理的各个方面都落实到班组成员、落实到各个岗位、落实到每一环节或过程中。班组质量管理的好与坏，包括对生产过程中产品质量控制水平的高低，会直接影响企业整体的质量水平。因此，企业应充分发挥班组在质量管理中的重要作用，以提高产品质量、确保产品的可靠性。

二、班组质量管理是保证企业产品质量的重要环节

班组处于生产现场的前沿，对产品的最终质量做最后的保障。因此，企业必须重视班组对产品生产的质量管理工作，让班组明确自己肩负的重任，建立严格的生产标准制度、产品质量责任制度以及奖罚制度。企业管理人员要意识到班组才是质量管理的关键环节，要加强与基层班组的联系与互动，及时调整各项制度和产品工艺，以适应顾客的需求和期望。

班组长在质量管理中应发挥的作用

班组长是一个班组的领导者，直接负责组织和指挥企业的生产，在企业的质量管理工作中有着非常重要的地位和作用。通过有效的班组质量管理，充分发挥全班组人员的主观能动性和生产积极性，提高班组成员的质量意识，对每一件产品或零部件负责，按时、按量、按质完成企业分配的生产任务。

班组是企业生产活动的落脚点，是企业质量管理体系的基础环节。班组长更是班组质量管理活动的领导者，是实现质量控制、质量改进的关键。班组长在质量管理工作中应该从以下几个方面积极发挥领导和组织作用，将本班组建设为先进的班组。

一、领导本班组成员不断追求高质量、低消耗和高效率

产品要赢得顾客的青睐，实现企业的销售目标，不断提高经济效益和社会效益，就必须充分发挥各个班组的作用。而班组长作为班组质量管理的领导者，要能够根据企业方针、目标的需要，结合本班组的任务，充分运用班组配置的人员、设备、工具、材料、技术和方法等条件，最大限度地保证产品质量符合要求；能够不断地减少班组内人力、物力、时间等的浪费；降低废品率、次品率、返修率；能够在保证质量的前提下不断提高单位时间的产量、人均产量、机台产量、单位作业面积的产量等。也就是说，班组长要能够领导、团结全体成员不断地追求高质量、低消耗和高效率。

二、通过质量管理，增强班组成员的质量意识

班组长定期组织班组成员学习质量管理的基本理论、概念和方法，练习实际操作技能，从而不断提高班组成员的质量意识，提高班组质量控制能力。具体来说，首先，要能够克服班组成员对质量和质量管理的偏见和错误认识，正确处理质量与消耗的关系、质量与数量的关系、自主保证与专职检查的关系、技术与经济以及生产与管理的关系等。其次，要能够使班组成员逐步牢固树立"质量第一，顾客第一"的观念，将"顾客满意"作为自己的目标，着力于消除影响质量的隐患因素，并不断改进作业方式。

三、有效防止质量问题的重复发生

班组成员标准、熟练的操作技能和基本功是保证产品质量问题不重复发生的基本条件。首先，班组长要结合工作需要，有计划地组织班组成员的"练兵活动"，学习相关的专业技术知识，开展操作竞赛等，能够不断提高班组人员的操作业务能力，促使员工按图纸、按标准、按工艺要求进行生产。其次，班组长要能够针对班组内的质量问题，及时召开班组质量分析会，采取必要的措施，有效地防止质量问题的重复发生。

四、不断寻找问题点，提出改进课题

企业对质量管理的基本思想不是一成不变的，应以现状为基础，不断改进。而班组长作为直接接触班组生产过程的人，要树立强烈的问题意识，善于在质量管理工作中及时发现问题、提出问题，并带头组织班组成员在生产现场改进作业。

五、班组长是落实质量控制点活动的关键

质量控制点是一个班组质量管理工作的重点，控制点确定的控制项目都是保证产品质量的关键。班组长要经常帮助、督促班组成员严格贯彻执行各项规定，按照《工序质量表》、《作业指导书》、《自检表》等的相关标准进行操作，保证关键、重要的质量特性达到规定的要求。

六、开展质量评比，更好地落实质量责任

班组长要随时掌握班组的工作动态，定期进行统计分析，出现异常时，应及时组织有关人员分析原因，研究应对措施，实施控制。首先，班组长要在本班组内开展质量评比，激励、引导、促进组内人员开展"比、学、赶、帮、超"活动，更好地完成班组的任务。其次，班组长还应落实质量责任

制，对在质量管理工作中表现优秀或对质量控制提出建设性意见的员工进行奖励，对发现质量问题而隐瞒不报、由于违章乱纪影响了产品质量的员工进行处罚。

班组长质量管理的职责

班组长不仅是质量管理的基层直接负责人，而且是质量管理的直接参与者。作为质量控制的最后关口，班组长要明确自己在班组质量管理中的职责，并肩负起对质量控制的职责，将质量管理作为班组生产活动管理的重要组成部分。那么，班组长在质量管理工作中，主要有哪些职责呢？

（1）班组长要认真学习有关质量工作的方针政策，及车间的各项规章制度，并在班组认真贯彻落实。

（2）班组长要认真贯彻工艺规程，严格工艺纪律，认真做好各项原始记录，要使全体职工精心操作，减少或杜绝不合格产品，对已出现的不合格产品要做好分类记录及评审处置。

（3）班组长对其生产制造的产品（半成品或部件）的质量有直接的责任，并保证不合格的产品（半成品或零部件）不出班组。

（4）班组长要按规定的要求做好质量控制点的各项工作，发现异常要及时排除或反馈情况，并请有关部门人员解决。

（5）发生质量问题，班组长要对问题进行分析、研究，并采取必要措施补救；要按 PDCA 循环工作方法，不断改进工作质量，提高产品质量。

（6）班组长要负责在班组内实行"三检制"，要积极组织并带头参加质量管理小组活动，若是班组型 QC 小组，要把 QC 小组活动与班组建设结合起来。班组还应该组织开展其他形式的质量管理活动。

（7）班组长不仅自身要全面掌握质量管理的思想、理论和简单方法，还要经常对本班组成员进行质量管理基本知识的教育，提高班组成员的质量意识。

（8）班组长要在班组中树立"下道工序就是用户"的思想，经常访问用户，不断提高产品质量。

（9）班组长要掌握和了解本班组各岗位的质量要求。

操作人员的质量管理职责

操作人员不仅是班组的重要组成部分，更是企业生产操作的直接参与者和主力军，其工作的好坏直接决定了产品质量的好坏。如果企业只重视管理人员的职责管理，而忽视了操作人员的责任管理，就会导致操作人员只是盲目地进行工作任务，没有主人翁意识，不重视生产过程控制，进而影响产品的质量。所以，企业不仅要加强基层操作人员质量职责的管理，操作人员也应明确自己的工作职责，配合班组长的工作，共同为提高产品质量努力。操作人员的质量职责有以下几个方面的内容：

（1）掌握全面质量管理体制的基本知识及工作方法，掌握质量改进的工作方法和简单统计工具。

（2）掌握本岗位的质量要求和检测方法。

（3）做到严格按工艺操作，按作业指导书操作，遵守工艺纪律，按图纸加工，按标准生产（按制度办事）。

（4）在处理生产数量和产品质量的问题上要坚持"质量第一"的方针，坚决按质量的要求做好各项质量管理工作。

（5）正确理解并掌握设计图样和内控标准的要求，分析加工中可能出现的问题。

（6）积极参加QC小组活动，完成QC小组分配的任务，积极提出合理化建议，不断提高本工序的产品质量。

（7）要做好上下工序的质量信息反馈工作，发现问题时要及时上报。

（8）要做好不良产品的管理工作，并主动呈报和隔离废品及次品，保证不合格产品不出厂，不转工序。

（9）要了解影响质量的五大因素中的主导因素，并按规定进行控制。

（10）搞好设备和工夹量具的维护、保养工作。

班组长质量管理的素质要求

班组长是班组质量管理的带头人，是班组成员生产过程中对产品质量的直接监控者。如果班组长不具备应有的能力和素质，就不能开展好产品生产各个方面的工作，会直接影响产品的质量。因此，班组长应具备与质量管理相关的各个方面的素质。那么，班组长究竟应具备什么样的质量管理素质呢？

一、具有较强的责任心和使命感

班组长要具有较强的责任心和质量意识，这是保证班组生产产品质量的首要条件。具有较强责任心的班组长，能明确自己在质量管理中的责任和义务，能够主动、自觉地做好本职工作，进而管理好本班组成员的作业行为。

班组长应政治素质过硬，工作积极进取。能够关心职工思想动态，协助领导管理好职工队伍；能带头搞好"联防互控"，构筑安全生产屏障；能雷厉风行地执行工作指令，确保"有令则行"，"政令畅通"。具有高尚的品德。工作中脚踏实地，吃苦耐劳，率先垂范，默默奉献，以人格的力量和求实的作风去感染人、引导人，带领班组成员出色地完成各项生产任务。为人诚实谦虚、清正廉洁，有自我批评精神，自觉接受班组职工的监督。

二、班组长要具有很强的质量意识

拥有很强的质量意识的班组长，能够将企业的质量目标和各项方针政策落实到班组每一位成员身上，将保障产品质量作为质量管理的工作重心，严格控制生产过程中的产品质量。

三、熟练掌握产品质量知识

熟练掌握与产品相关的知识，具有较强的专业技能，是班组长做好质量管理工作的重要依据。首先，班组长要熟悉企业针对产品质量制定的各项规章制度和方针政策，熟悉有关产品生产的操作标准和生产使用的机器设备的操作规程；其次，班组长还应有丰富的生产经验和过硬的专业技能，熟练掌握所从事的岗位范围内的技术。此外，班组长还应具备处理各种质量问题的能力。

四、组织管理能力

在实际工作中，班组长要具备一定的组织和管理能力，这是对班组长的基本要求。首先，班组长要定期参加企业组织的培训，掌握先进、科学的管理方法；其次，班组长要在实际工作中注意针对不同的班组成员进行指导，保证班组成员熟练掌握操作技巧；最后，要在生产过程中注意发现问题并及时上报，还要对顾客反映的质量问题和意见进行整理并参与研讨，提出整改意见或建议。

总之，班组长要具备上述素质和管理能力，在工作中注意加强质量意识，带领本班组成员严格按照各项规章制度进行作业，保证企业的产品质量。

班组质量管理应遵循的原则

管理原则是组织活动的一般规律的体现，是人们在管理活动中为达到组织的基本目标而在处理人、财、物、信息等管理基本要素及其相互关系时所遵循和依据的准绳。班组管理原则是为了规范自身行为，是自身做事的依据和标准。管理原则一经确定，就成为班组管理的共同约定。班组长作为生产一线的管理人员，应时刻按班组管理原则对班组进行管理，使班组在"游戏规则"的框架内高效运行。

一、管理原则为何重要

管理原则能够起到规范管理行为的作用，是一种做事的标准和依据。管理原则一旦确定就会成为班组管理的共同约定。班组长作为班组管理的第一把手，就要严格地遵循这些原则，否则就难以实现班组的统一高效管理。

坚持原则是班组工作正常开展的保证，讲究原则是班组管理顺利进行的基础，也是班组建设实施的出发点和落脚点。注重管理的原则性是夯实班组管理基础的制度性保障，因此，班组长要管好班组，就必须坚持管理原则。

二、班组质量管理应遵循的原则

要想达到准确无误，必须得遵循克劳斯比质量管理的四项基本原则：

原则一：保证产品质量符合基本要求。

在质量管理中，要遵循"保证产品质量符合基本要求"的原则，也就是

"质量即符合要求"。班组成员在生产过程中必须严格按照工艺规程和产品质量的标准和要求进行生产，而不是用主观或含糊的"好、不错"等标准来判定。而且班组长对产品质量的检查结果要详细记录，而不只是停留在口头上，应该针对检查结果做出评定并落实在行动上。班组成员在生产产品的时候必须按照产品质量的标准走，因为质量的定义就是符合要求而不是主观或含糊的"好、不错"等描述。

原则二：需从预防做起，而不是事后检验。

检验是告知已发生的事情，对产品进行质量检验，只能发现已生成的不合格产品，当不合格的产品被挑选出来时，说明缺陷已经产生了。而预防则可以在制造产品的过程中发现潜在的质量问题，保证工作正确完成，而且可以减少资源的浪费，继而消除这些不符合产品质量的可能性，从而将不符合质量要求的潜在因素消除掉。因此，班组要做好预防工作，而不是只等着事后检验。通过预防，不仅可以保证工作顺利完成，而且还可以减少资源浪费，提高质量效益。

原则三：追求"零缺陷"，拒绝"差不多就好"。

"差不多就好"是我们在工作中经常抱有的一种心态，班组成员在生产过程中也常会抱有这样的心态。他们认为只要在某些时候满足产品质量要求或者是每次都满足大部分要求就行了。但是正因为这"差不多就好"才让他们班组的产品永远也满足不了大众的需求。对产品质量要求进行妥协，就会直接对产品质量造成威胁，不仅对顾客造成一定的损失，还会对公司的信誉造成巨大的损失。因此，面对竞争日益激烈的市场环境，企业必须建立顾客利益至上的思想，不断满足客户对产品和服务的需求和期望，这就要求任何公司产品的质量都不允许出现半点瑕疵，对产品的品质追求"零缺陷"。班组应将质量"零缺陷"作为产品生产的标准，每一次都要满足工作过程的最高要求，符合产品质量的要求，而且要保证全部符合要求而不是部分符合。

原则四：用不符合要求的代价来衡量，而非用指数。

这里所说的指数是指把产品不合格的项用"坏消息"来代替的一种方法。这样就将质量不合格"软化"掉，企业管理者就不会采取具体的整治行动。而"不符合要求的代价"是指将因质量不合格所要付出的代价用量化指标描述出来，就是我们看见的超出规定要求的额外支出，如额外花费的时间、人力和物力等。这样就使指标具有不确定性，显得含糊。如用"损失很大"来代替"多花了多少钱"、"浪费了很多物料"，就要直观、明白得多。质量问题显性化、定量化，可以促使管理者迅速解决问题。

落实班组（岗位）质量责任制

质量责任制是指为了保证产品或服务质量，而明确规定企业中的每个人在质量工作上的责任、权限与物质利益的制度。建立质量责任制是企业开展全面质量管理的一项基础性工作，也是企业建立质量体系中不可缺少的内容。

一、班组质量责任制的中心思想

质量责任制的中心思想是当实际与目标值发生偏差时，班组成员能够自己控制和调节。班组质量管理要求每一位班组成员都要在生产过程前充分了解自己所要达到的目标，在生产过程中时刻进行自我检查，让自己处于自我控制状态；当发现与目标发生偏差时，要及时做出调整，最大限度地保证产品的质量，这是使产品质量落到实处的根本保证。

二、建立和强化班组质量责任制

建立和强化班组质量责任制也是班组质量管理工作的重要内容。首先，班组建立质量责任制，要依据产品质量的检测、产品生产过程控制和生产过程中的每一个环节来进行。班组长要负责将质量责任制落实到每一位班组成员身上，明确规定他们在生产中的具体工作任务、责任和权利，使质量工作"操作有标准"，"人人有责任"，"定期做检查"，"功过要分明"，在班组内形成一个严密、高效的质量管理责任体系。

其次，班组长要在质量责任制的执行过程中，不断发现其中存在的问题，并不断地改进，将质量责任制和班组成员的收入挂钩，定期进行考核。在强化质量责任制时，要注意以下几点。

（1）在企业整体的规章制度和责任制度范围内不断完善和改进。

（2）经济奖罚要以质量责任制为主要内容，进行严格的考核和奖励。

（3）强化质量责任制不能急于求成，要由粗到细，先易后难，逐步完善。

（4）强化质量责任制要先从定性开始，然后逐步做到定量化（用数值表示）。

第三节 班组长质量管理管什么

班组质量管理的五个关键点——4M1E

一、4M1E 的含义

4M 管理就是利用 4M 法管理工程的方法。它的含义是：Manpower（人力）；Machine（机器）；Material（材料）；Method（方法、技术）；通常还要包含 1E：Environments（环境）。也就是人们常说的：人员、机器、材料、方法、环境五大要素。

二、4M1E 的内容

1. 人员（Man）

在质量管理的五个因素中，人员处于主宰地位。人的因素主要指领导者和操作人员的素质，如思想觉悟、知识水平、工作作风、人体功能、个人经历等。人是生产过程的主体，产品质量受所有参加生产过程的人员的共同控制，包括管理人员、技术人员、操作人员、服务人员等。分析班组在生产过程中产生的形形色色的质量问题，有技术上的，有工艺流程上的，有设计上的，有机器设备上的，但更多的是人为的因素。

2. 机器（Machine）

机器是保证生产质量的又一因素，由于机器设备是企业进行生产的重要条件，在生产过程中，如果机器设备出现故障，会对产品质量产生直接的影响。机器设备会存在以下问题：

（1）班组生产人员发现设备老化或出现故障时，没有及时上报，影响产品的生产质量。

（2）设备维修人员技术不精，维修不到位。

（3）班组长没有定期组织班组成员对生产设备进行整顿和清扫，对机器设备的维修、保养和管理不到位。

（4）班组生产人员没有按章操作，生产设备的故障层出不穷。

状况良好的设备有助于提高生产效率和产品合格率，减轻员工的劳动强度。因此，班组长要在班组的日常生产活动中注意维护、保养好设备，保证设备处于良好的工作状态，对发现的设备故障及时排除。使机器设备时刻处于良好状态是提升产品质量的又一有效途径。

3. 材料（Material）

材料也是生产活动必备的物质条件，包括原材料、构件、配件、成品、半成品。材料的质量是保证产品质量的基础，如果生产所需的原材料质量不合格，那么生产出来的产品也不可能合格。所以加强对材料质量的控制，是提高工程质量的重要保证。

4. 方法（Method）

班组管理方法泛指班组生产规程和班组规章制度，包括生产指导书、生产图纸、作业标准、计划表、操作规程、检验规程等。健全的班组生产规章制度是确保产品质量的基础。因此，班组必须建立保证生产正常进行的规章制度，班组长应带领员工严格执行各项规章制度，及时反映制度中存在的不足或与实际工作不符的条款，监督班组成员的操作规程。同样，员工也应积极响应各项制度，严格按照制度和作业标准去做。总之，不断在实践中摸索，总结经验，完善各项规章制度，这对于提高产品质量，保证人员和财产安全意义重大，能够确保生产有序进行。

5. 环境（Environments）

决定生产质量的因素还有环境，这里的环境主要指生产环境。"组织应确定和管理为达到产品符合要求所需的工作环境"。这是 ISO9001：2000 质量管理体系标准明确提出的。环境对生产质量的影响因素包括以下几个方面：

（1）生产作业人员素质不高，不注意保护和维持作业环境。

（2）班组长没有制定相应的清扫规定，或没有定期进行清扫。

（3）班组成员打扫不彻底，有尘土等杂质污染了生产原材料，影响产品的质量。

实践证明，清洁明亮和温馨舒适的工作环境能够使员工保持舒畅的心情，提高工作热情。此外，清洁的环境还能够保证作业环境中尘埃的减少，有利于产品质量的提高。那么，班组应如何避免生产环境对产品质量的影响呢？

（1）班组长必须加强对班组成员工作环境的管理和维护，定期组织清扫。在实际工作中，班组长可以将班组成员分成几个清扫小组，轮流打扫本班组生产场所。

（2）班组长要团结班组成员，让每位员工产生归属感，把工作环境当成自己的家，在工作中，注意维护这个"家"。

（3）班组长应建立奖罚制度，对严重破坏生产场所环境卫生的员工进行处罚，对那些主动维护的员工或小组进行奖励。

4M 管理的分析要点

由于每一类要素都会对生产出来的产品的质量产生影响，如果有一项工作没有做好就会使产品的质量不过关。因此，在进行 4M 管理时，首先要明确各类要素的管理要点，对四类生产要素进行全面而细致的管理。那么各类要素的分析要点是什么呢？

一、人员

（1）作业是否熟练。

（2）是否严格执行作业标准。

（3）工作中是否积极认真。

（4）能否贯彻 5S 活动。

（5）是否具有问题意识。

（6）与同事的沟通是否良好等。

二、设备

（1）设备性能是否良好。

（2）设备运行效率是否良好。

（3）设备安全情况是否良好。

（4）调校工作是否做好。

（5）设备配置种类和数量是否合适。

（6）设备自主保全和专业保全情况是否良好等。

三、材料

（1）材料库存是否适量。

（2）是否能满足生产需求。

（3）可否选用便宜的材料生产。

（4）材料取用流程是否规范等。

四、方法

（1）操作方法是否恰当。

（2）生产安排是否有利于质量管理。

（3）作业标准是否得到完善。

（4）生产工序设置是否合适。

（5）对不良产品的处理方法是否恰当。

（6）生产提前期是否合理。

（7）作业标准是否正确。

（8）人机配合情况是否良好等。

4M 变更的管理

一、4M 变更的定义

4M 变更是指在生产过程中给品质带来一定影响的异常变更，含作业者、工装设备、材料、工艺方法的变更。即我们常说的人员、机器、材料、方法变更。

4M 是生产过程中最基本的要素，如果这四个要素是稳定的，那么最终生产出来的产品也是恒定的，但这只是一个理想的状态。现实中，人员、机器、材料、方法经常在变化，最终结果也随之变化，4M变更管理就是通过控制这些变化，使结果在允许的范围内变动的。

二、4M变更的内容及其处理方法

1. 作业人员的变更

作业人员的变更是指作业人员因缺勤、调动、顶岗、替岗、离职等原因变动为另一个作业人员进行作业时，所产生的变更。作业人员产生变更时，由车间工艺员按作业指导书要求安排员工训练，班组长每两个小时进行产品品质确认直至培训合格为止。

2. 工装夹具的变更

工装夹具因临时替用、增加而对产品质量可能有影响时的变更。变更后，要首先确认首件用更改后的工装夹具控制的产品质量是否合格，如果不合格，就要停止生产，并重新检查该工装夹具的有效性；如果产品合格，再交由质检员进行复检，经质检员确认后方可进行大批量生产。

3. 材料、辅料的变更

企业无图纸规定的材料、辅料，或者需要对零件的材料和装配用的辅料进行变更时，技术部门要向生产部门下达临时更改通知书，根据用户的要求和意见更改图纸，交技术部批准。

4. 工艺方法的变更

生产产品的工艺、方法发生变更时，要由专门的工艺员指导员工按新的作业方法作业，处理发生的异常，直到员工熟练为止。

5. 作业环境的变更

作业环境可能因为企业位置的迁移、人员的调配等发生变更，班组长要对作业人员进行环境介绍，便于员工能够尽快适应新环境。

三、变更的实施

1. 变更实施的一般程序

在"4M变更依赖书"上填写变更内容，交车间主任签字后交到品质部，由品质部经理确定。发生区及相关部门收到品质部配发的"4M变更依赖书"

后，按要求实施变更。

2. 作业人员变更的处理方法

班组长安排专业人员对替补人员进行标准化培训，保证作业员工操作合格后再确认上岗。

3. 模具夹具变更的处理方法

车间工艺员对整个生产过程进行全程跟踪，确认模具夹具是否合格，如不合格就应停止使用，或维修或换新的工具。工具变更后，装配出来的首件产品经技术人员确认合格后应由质检员进行小批量生产的复检，确认品质合格后方可进行大批量生产。

4. 作业方法变更的处理方法

由车间工艺员修改作业指导书，并指导作业人员按新的作业方法进行作业，处理发生的异常，直到员工熟练为止。

怎样在班组中推行 4M1E 管理

一、作业人员的管理

（1）对员工进行培训，让其操作技能得到充分训练，对于重点要进行个别指导。

（2）提高员工的质量意识，加强对员工作业质量的控制。

（3）尽量让所有员工符合以下要求：

1）完全按照标准进行作业。

2）有很强的质量意识和责任意识，自觉防止生产不良产品。

3）对机器、夹具、检具等能进行充分保养。

4）能够对生产管理提出有效对策。

二、设备的管理

（1）对设备进行保养、维护，保障设备完好。

（2）使用设备的人员必须进行日常点检、设备清理等工作并要有详细记录。

（3）设备需要维修时，将设备维修情况及时记录在维修履历上。

三、材料的管理

（1）重视材料标志，确保员工都能看懂。

（2）对材料进行有序编号，按规律放置。

（3）加强验收检查，避免材料碰伤、变形和变质。

四、作业方法的管理

1. 确定标准工时

不能以生产速度最快的员工的生产时间作为标准，而是要全面综合考虑员工的整体情况。

2. 进行试做

通过试做可以寻找生产要素最佳组合的配置方法，为重大决策指明方向，但切忌控制试做的频率，不得天天试做。

3. 制定作业标准

实际作业必须按照作业标准来进行。

4. 随时监督检查

对员工的工作方法和工作进度要时刻检查和监督，指出不足并指导其改正。

5. 仔细分析不良产品

当生产出不良产品时，不能直接报废，而是要仔细观察不良产品，分析产生不良产品的原因并寻找解决的办法防止不良产品的二次生产。

五、环境的管理

（1）建立环境管理体系和职业健康安全管理体系。

（2）根据作业的实际情况，分析采光、通道、布局、温度、地面状态等因素，实现环境的最优化。

（3）对废弃物和污水的处理也要严格按照标准进行，避免对环境造成污染和破坏。

（4）鼓励班组员工参与和改进安全、环境和职业健康的安全活动，提高他们的环境保护意识。

第二章 班组人员管理：日常质量培训和沟通

第一节 开展质量意识的教育与培训

让员工提升质量意识的三个理论

一、"100-1=0"的理论

"100-1=0"的理论最初源自一项监狱的职责纪律，该项纪律明确表明："不管以前干得多好，如果在众多犯人里逃掉一个，便是永远的失职"。这项规定看似过于严格，但是从社会方面来考虑，对防止罪犯再次危害社会来说，却是极其重要的。管理学家将这项规定的思想引入到企业管理和商品营销等领域中。

根据系统论的原理，任何一个有机整体都是由相互作用和相互依赖的若干组成部分结合而成。如果其中的一个环节出现问题，就会影响整体效果，一荣俱荣、一损俱损。顾客对整个服务工作中的任何一项不满意，都会对整体的服务质量加以否定。

在法国，有一位农场主驾驶着一辆奔驰货车从农场出发去德国。一路上路况良好，法国农场主心情大好，不由得哼起了小曲。可是行驶到一处荒野时，发动机出故障了。农场主十分气恼，前不着村后不着店，他大骂奔驰公司一贯以高质量宣传，结果却是骗人的。无奈之下，他只好抱着试试看的心情，用车上的小型发报机向奔驰汽车的总部发出了求救信号。没想到，几个小时后，天上就传来了飞机声。奔驰汽车修理厂的检修人员专门乘坐飞机来为他提供服务。

维修人员连连道歉，工程师一脸歉意："是我们的产品质量出现了问题，我们的质量检验没做好，让您遇到了这样的麻烦！"随后便开始了紧张的维修工作。不一会儿，车就修好了。

农场主做好了支付一笔不菲的维修金的准备，没想到工程师一句"我们乐意为您提供免费服务！"让他大吃一惊："但你们可是乘飞机专门来维修的。"

工程师一脸歉意："但是是因为我们的产品出了问题才这样的，我们理应给您提供免费的服务。"其他维修人员也抱歉地说道。不仅如此，后来，奔驰公司为这位农场主免费换了一辆崭新的同类型车。

从这则故事中，我们可以看到，奔驰坐稳汽车王国宝座的法宝就是严把质量关，是这种一个细小的问题都不放过的服务精神。

把这个问题放到具体、直接负责产品质量的班组来分析，在生产中，不合格产品对于一个班组员工生产的产品来说是1%，对于消费者来说却是100%，如果员工在加工生产或检验过程中不重视这个1%，就有可能要面对那个不满意的100%。因此，在班组质量管理工作中，应该让员工树立"质量无小事"的观念，应让班组成员在实际工作中做到"勤恳、仔细、认真"。

二、质量控制论

质量控制是为了达到质量要求，通过监视质量形成过程，消除产品生产加工过程中影响质量的不合格因素而采取的各种质量作业技术和活动。质量控制论是班组长做好现场质量管理工作的基本原理。班组长可以将质量控制分为设定产品的质量标准和质量管理两个大的步骤进行。在实际工作中，班组长具体可以采用以下六个步骤来控制质量。

（1）选择要控制的对象。

（2）确定规格标准，选择需要监测的质量特性值并做详细说明。

（3）选择能够准确测量该特性值的测试方法和测量工具。

（4）进行测试并对测量数据做详细记录。

（5）对比实际测量值和要求的特性值，分析之间存在差异的原因。

（6）根据分析结果，采取相应的纠正措施。

三、补短板论

补短板论是木桶理论的延伸。木桶理论表明：决定木桶容水量大小的并不是全部木板长度的平均值，更不是最长的那块木板，而是最短的那块木板。因此，要想增加木桶的容水量，不是去加长那块长木板的长度，而是应该努力补齐那块最短的木板，这就是"补短板论"。将该理论运用到企业以及班组产品质量管理中来，产品的质量如同"木桶的容量"，其中产品整体的质量水平高低由"最短的一块木板"决定。因此，班组成员要有"寻找"那块"最短的木块"的观念，在实际工作中重视生产现场的监督检查工作，寻找每一道工序、每一个环节中的"最短的木块"，并分析和寻找质量投诉的原因，这样才能"对症下药"，加长"最短的木板"，使生产各个环节齐头并进，从而提高产品质量的整体水平。

质量意识的内容和重要性

一、质量意识及其内容

班组长在日常的质量管理工作中，经常会提到某位员工"质量意识不强"、"质量意识差"，员工的质量意识可能已经成了质量问题的最佳解释，也似乎成了我们分析和解决问题的借口。那么从理论上讲，什么是质量意识呢？

质量意识具有对质量行为的控制作用，是质量理念在员工思想中的表现形式，从内容上说包括对质量的认知、对待质量的态度和质量知识三个方面。

1. 对质量的认知

对质量的认知是指对事物质量属性的认识和了解。任何事物都有质量属性和数量属性，人们总是先接触事物的数量属性，如大小、多少等，再接触事物的质量属性，任何事物的质量属性只有通过接触事物的实践活动才能把握，所以说，质量属性相对来说更难把握。质量涉及事物的本质，对质量的认知过程比对数量的认知过程要长，也更难。因此，员工对质量的认知不能仅仅通过他们自发地、盲目地、放任自流地实践，而是要通过教育培训来强化，认知产品质量特性、认知质量的重要性。

2. 对待质量的态度

在质量意识中，对质量的态度至关重要，而质量认知则是形成质量态度的基础。但是质量认知还不能起到控制人的质量行为的作用，也就是说，仅仅有质量认知不一定就能有较强的质量意识。这一点，我们须向日本企业学习。一家美国著名企业的总裁曾经到一家日本著名企业参观学习时表示：我们保证产品质量的关键在于30%的技术加70%的态度。没想到日本企业的老板则说：我们保证产品质量的关键在于10%的技术加90%的态度。由此可见，制约产品质量提高的关键因素不是设备和技术，而是对待质量的态度和落后的质量意识。

3. 质量知识

质量知识包括产品质量知识、质量管理知识、质量法制知识等。虽然质量知识的多少与质量意识的强弱并不一定成正比，但是从某种程度上说，质量知识是质量认知的基础，质量知识越丰富，对质量的认知也就越容易。此外，丰富的质量知识还能够提升员工的质量能力，从而使其产生成就感，增强对质量的感情。

二、增强质量意识的重要性

企业要想顺利发展，不断提升产品质量，抢夺市场占有率，就必须提高生产员工的质量意识。首先，质量意识的高低体现在员工的一切生产活动中，会直接影响产品的质量。其次，质量意识是一个企业从决策层领导到每一个员工对质量和质量工作的认识和理解，是人们对显性行为的一种评价方式，是一种内化的心理活动标准，对质量行为起着极其重要的影响和制约作用。

有一位记者专门去采访一家生产降落伞的企业，记者问企业负责人："据了解，贵公司生产出来的降落伞从未出现过任何质量问题，请问您有秘诀吗?"

"我们只是要求每一位生产伞包的员工都必须背着自己生产的伞包从试验塔上跳下来，检验伞包的质量。"该企业负责人不紧不慢地说道。

原来该企业以前每生产出一批伞包，就会有一批伞兵背着伞包从试验塔上跳下，以检验伞包的质量是否合格。但是由于伞包有质量问题，每检验一批伞包就会有一个伞兵遇难。针对这种情况，企业领导立即组织质量检验专家小组对每一道生产工序进行仔细检查，却没有发现任何问题，可是伞兵由于伞包质量问题而遇难的事件还在发生。为找到切实可行的方法来解决伞的质量问题，该企业聘请了一位有能力的生产管理者来解决该问题。新的生产管理者到任后立即实施了这条新规定，规定实施后，伞包的质量问题立刻消失了。

由此可见，产品的质量与生产人员的质量意识密不可分，要提高企业的产品质量，就要首先把质量意识植入每一位员工的头脑，从提高员工的"质量意识"开始。

提高班组成员质量意识的做法

班组成员的质量意识与企业的产品质量息息相关，如果班组成员的质量意识不强，班组成员在作业现场就会忽视标准化作业的操作规则，不严格按照操作标准进行作业，不注意质量隐患，从而影响产品质量。因此，班组长作为生产操作的第一监督人应该努力提高班组成员的质量意识。那么班组长怎样才能提高班组成员的质量意识呢?

一、加强引导，提高班组成员的质量参与意识

（1）班组长首先要引导班组成员主动关注产品质量，充分认识到质量与效益之间的关系，在全体班组成员中营造"质量第一"的氛围。对此，班组长可以在班组中开展一些"质量就是企业的生命"、"产品质量关乎我们自身的利益"等一些主题讨论会。

（2）班组长应该加强班组成员对质量控制理论和方法的学习，激发班组成员自己挖掘提高质量的方法和途径。对此，班组长可以召开质量分析研讨会，使每个成员都毫无顾忌地对质量控制具有发言权，或者在生产现场主动对员工进行指导，还可以成立质量控制小组。

（3）班组长要对班组成员进行增强质量意识的专题讲座或教育培训。通过具体的示范、通俗的语言阐释和后果的告知来引导班组成员，提高班组成员的质量意识，并把提高质量与员工的切身利益挂起钩来。将班组成员的质量意识从"向我要质量"转变到"我要质量"上。

二、提高班组成员分析质量问题的能力，树立质量监控意识

班组长与班组成员一起剖析生产过程中出现的质量问题，让每一位成员都能清楚地意识到自己存在哪方面的质量问题，提高班组成员分析质量问题的能力，提高班组成员的质量意识。班组长还要有针对性地予以指导，提出改进措施，从而使质量改进不再是"瞎子摸象"。通过改进，建立规范化的制度和标准，使每个人都有章可循。

三、开展质量改进活动，激发质量创新意识

班组成员之间的交流也是提高班组成员的质量意识的一种做法，尤其是质量改进的经验交流对于班组成员来说很重要。因此，班组长应组织班组成员对在生产过程中遇到的质量问题进行交流，并将从中总结的经验与大家分享。班组长还要针对讨论结果，进行归类整理，形成案例，共同讨论解决方案。问题解决之后，还要及时归档，便于今后在遇到类似问题时有所对照。班组成员质量改进的交流形式有很多种，常见的有两种。

（1）在班组中开展质量控制小组活动，给班组成员间的信息交流和相互学习提供平台。通过信息交流和相互学习，提高班组成员解决质量问题的能力。时间一长，班组成员的质量意识就会自然而然地提高，还能锻炼自己解决质量问题的能力，帮助班组内的其他成员来提高产品质量和生产效率。

（2）将班组中的优秀班组成员组织起来，形成质量研究小组，对生产过程中遇到的质量难题进行探讨，并通过探讨提出可行的质量改善方案或改革措施。这样，不仅可以激发班组成员质量管理的进取心和创新力，而且会进一步激发班组成员的集体荣誉感。同时，还能提高其他班组成员的技术能力。

掌握质量"零缺陷"的理论

一、"零缺陷"理论的核心

"零缺陷"理论的核心用一句话来概括就是：第一次把正确的事情做正确。其中包含了三个层次：正确的事、做正确的事、第一次做正确。

1. 正确的事

认真考察市场，从客户需求出发制定出相应的战略。

2. 做正确的事

不能随意地经营一个组织、生产一种产品或者服务一个项目，而是要"看准"市场和客户的需求，按他们的要求去做事。

3. 第一次做正确

生产的产品必须充分符合要求，防止不良产品和不符合要求的成本的产生，从而减少质量成本，提高效率。

要实现"零缺陷"，这三个要素必不可少。

二、"零缺陷"的基本理念

1. 错误"难免论"

每道工序、每台设备、每个员工不可能每时每刻都保持最好的状态，总会有或大或小的错误发生，正是由于这种"体谅"导致作业人员产生了企业可以容忍产品不合格的想法，有了"难免论"的思想，认为"我不是圣人，所以我不能不犯错误"的观念。而"零缺陷"管理与这种传统观念针锋相对，它是不允许出现"难免论"的，并且让人有一种"求全"的欲望，希望不犯错误，把工作搞好。

2. 每一个员工都是主角

通常情况下，班组长是主角，他们把持着工作标准和各种制度，班组成员只能按照标准去执行。而在"零缺陷"管理中，要求把每一个员工当成主角，不断向他们灌输"零缺陷"的思想，要让他们自己动脑筋来克服各种困难，消除工作中的缺点，而班组长只赋予他们正确的工作动机。

3. 加强心理建设

传统的管理方法，班组长一般侧重技术处理，他们只是根据自己既定的观点将方法传授给班组成员。而"零缺陷"管理则侧重对班组成员的心理建设，赋予班组成员正确的工作动机，根据班组成员的复杂心理，正确地对班组成员进行管理。

三、对"零缺陷"的具体要求

（1）在生产过程中，如果上一道环节出现问题，就必须向下一道环节传送有缺陷的决策、物资、信息、技术或零部件。企业不可以向市场和消费者出售有质量缺陷的产品和服务。

（2）在生产过程中，班组要为每个环节、每个层面建立管理制度和规范，要有防范和修正措施，责任必须明确，不能交叉或者失控。

（3）在生产过程中，班组要树立"以人为本"的管理思想，建立和完善有效的激励机制与约束机制，充分发挥每个班组成员的工作潜力和主观能动性，让班组成员认为他们不仅是被指挥的被管理者，而且也是可以自由发挥的管理者，这样班组成员就会以"零缺陷"的主体行为保证产品、工作和班组经营，从而实现产品的"零缺陷"。

（4）在生产过程中，班组长要根据市场要求和班组发展变化及时调整管理系统，保证产品能够最新、最优地满足市场和客户的需求，实现动态平衡，保证管理系统的正常运转。

四、"零缺陷"的实施步骤

1. 建立推行"零缺陷"管理的组织

如果"零缺陷"管理没有一个核心的管理组织，那么也只能是泛泛而谈，并不能真正实施。建立推行"零缺陷"管理的组织，可以动员和组织全体员工积极地投入"零缺陷"管理，提高他们参与管理的热情和激情，也能吸纳每一个班组成员的合理化建议而进一步改善"零缺陷"管理。公司的最高管理者要起到表率作用，亲自参加，表明决心，同时要任命相应的管理者，建立相应的制度。

2. 确定"零缺陷"管理的目标

没有目标，也就没有动力。这就要确定短期目标和长期目标，拟定好班组或者个人在一定时期内所要达到的具体要求，包括确定目标项目、评价标准和目标值。在实施过程中，随时将实际与目标进行对比分析，找出不足并改善。

3. 进行绩效评价

对班组和个人进行绩效考评，计算达到目标的员工的比例，并对他们给予肯定和奖励。对于没有达到目标的员工，要找出原因并对其进行指导和鼓励。

4. 建立相应的提案制度

作业人员对于客观因素所造成的错误原因，如物料、设备、工具、图纸等问题，可及时向组长反映并提出建议，也可附上改进方案，然后由组长和提案人一起进行分析并解决。

五、班组如何实现"零缺陷"管理

班组怎样才能具体做到消除"差不多就好"的观念，真正实现"零缺陷"呢？

（1）班组长应在质量管理工作中，发动员工对照顾顾客需求找出存在的差距，让员工逐步建立一种"不害怕、不放过、不接受任何错误"的"零缺陷"心态，在作业过程中自动自发地找差距、挑毛病、找根源，并及时解决问题，将质量隐患扼杀在班组内部。

（2）树立"零缺陷"的观念。班组长要加强员工质量意识管理，开展各项活动，将"零缺陷"的思想和严谨的生产过程有机结合起来，走出"差不多就行"的思想和工作误区。

（3）班组长还要采取必要的预防措施，不能只靠质量检验来防止不良产品的出现，而是应该在生产之前，就确保产品质量优良，检验只能反映事情的发生，是事后把关，不能产生好的质量。

（4）班组长严格监督班组成员生产操作的每一道工序或流程，发现不按标准进行生产的要及时纠正。

如何对新员工进行质量指导

人员是影响企业质量管理的一大要素，尤其对新进员工更是如此。在班组质量管理工作中，班组长有指导新进员工进行作业操作的责任。由于不同的新进人员，其性格特点和技术功底不相同，班组长应根据新员工的实际情况进行不同的指导。那么，班组长如何对新员工进行指导呢？

（1）如果新员工的质量意识不强，班组长就要对其进行专门的质量意识培训。首先，在培训中，班组长要举出一些因质量意识不强导致的产品质量问题的案例，说明因此造成的不可挽回的损失，让员工明白产品质量对于企业和自身的重要性。此外，班组长还要在其实际工作中加强指导，帮助其寻找可能影响产品质量的各个因素，引导新员工在工作中注意避免各种影响因素。

（2）如果新员工的技术功底不强，班组长可以指派一名技术精湛的老员工对其进行技术方面的指导，这样还有助于新老员工之间的沟通和协作，也可以自己亲自指导，保证新员工能够按照作业标准进行作业，达到产品的质量要求。

（3）如果新员工个性鲜明，不能很好地投入到工作中，班组长就要在与新员工的接触中摸索、总结其性格特点，针对其性格特点选择指导方式；此外，班组长可以多组织小型活动，加强员工与员工之间、员工与企业之间的了解与沟通，使新员工能够更好地投入到企业的大集体中。

个别辅导+集中指导

班组长在进行员工培训指导方面，应根据企业的实际生产需要和员工的不同水平，采用集中指导和个别辅导相结合的方法。

一、集中指导

集中指导的目的是明确集体目标，强调在生产过程中的协同配合，增强质量意识，并借集体的智慧完成目标。班组长在进行集中指导时应注意以下几个方面：

1. 明确集体目标

班组长首先应提出集体目标，要求班组成员人人参与目标的制定，让每个人都成为目标的坚定执行者和拥护者。在明确集体目标时，班组长要注意以下两点：

（1）班组成员的参与意识。在完成目标的过程中，员工协同配合的好坏，很大程度上取决于每个成员的参与意识，员工的参与意识越强，就越能够团结起来，形成纽带，共同完成目标。因此，班组长要鼓励班组成员参与目标的制定，踊跃发表自己的意见。

（2）进行指导和示范。达成共同的目标后，班组长应就达成目标的具体方法进行指导和示范，并创造动机，使目标引起每个成员的共识、共感、共鸣。

2. 强调协同配合意识

首先，班组长应该强调协同配合意识，在目标的统领下，合理分配每个人的作业内容，明确作业标准和奖惩规定等事项，要求班组成员必须积极执行。其次，班组长要明确每个人的职责，让每个人认识到自己是不可缺少的，同时也要认识到自己工作的不合格会给别人造成不必要的麻烦。

3. 充分利用集体的智慧

首先，班组长在制定作业标准和奖惩规定时要征求大家的意见，融入集体的智慧。其次，班组长要鼓励员工共同行动，在作业过程中让大家有欲望地自主完成工作。

二、个别辅导

个别辅导是指在集中指导的基础上，针对每个人的技术能力、基础经验、性格取向、人生观、价值观等进行专门的辅导，使每一个人的能力都符合最基本的要求。个别辅导可以分为以下几种：

1. 说明辅导

有些员工的理解能力欠佳，性子较慢，在掌握基本技能时不能跟上整体进度，班组长应采用说明辅导的个别辅导方式，用实物进行手把手示范，或者用通俗易懂的文字资料、音像资料，一边说明一边注意对方的理解程度，如果对方有不明白的地方要反复说明，直到其听懂为止。

2. 咨询辅导

班组长还应积极倾听员工的实际想法，充分发挥其能力。如有的员工不善表达，对自己掌握技能的程度不甚了解又无法准确地表达出来，班组长就要对其进行询问、辅导，询问其是否有不明之处。在对方提问时，要不停地附和对方的言语，让其将所有的问题都提出来，对其所提的问题均给予正面回答（"你的想法有一定道理！""要是我的话，就这么做！"）等。利用这样的方法，能鼓励员工坚定自己的想法，增强其自信心。

3. 挑战辅导

有的员工技术能力较强，很快便出色地完成了工作，班组长就要对其进行挑战辅导，首先要肯定员工的业绩，然后适当交代一些较难的工作任务，并做相应的辅导。

4. 刺激辅导

有些老员工的能力较强，经验丰富，班组长可不做任何具体指导，但要在其想法和工作要点上略作提示，让其充分发挥自己的能力。

5. 说服辅导

有的员工性格固执，这时就不能用一些理论进行说教，班组长应先听听对方的想法，等对方说完之后，再说出自己的看法，还要加入自己的感情，融情于理说服对方。要分析双方差异的原因所在，缩小差异点，先执行共同点。

三、个别辅导与集中指导相结合

集体指导能够进一步提高组织整体"协同作战"的能力，但是容易忽略个体能力的发挥，而通过个别辅导，虽然可以提高员工"单兵作战"的能力，却不能形成整体完成目标的凝聚力，这是不够的。因此，只有将个别辅导与集中指导结合起来，才能提升员工的整体质量水平。

第二节 员工日常的有效沟通

班组长现场沟通的意义

作为班组长，要管理好本班组的成员，让班组成员能够很好地完成本班组的生产任务，保证产品质量，首先面临的一个问题就是沟通问题。那么，班组成员之间在生产现场的有效沟通有什么意义呢？

一、能够快速地解决工作中的问题

在生产时，班组成员可能会遇到各种各样的问题，员工必须不停地面对这些问题。班组是一个团体，所有问题都需要全体成员一起面对，但是如果不及时沟通，双方之间就无法达成共识，问题也得不到很好的解决，这样就会直接影响产品的质量。

二、有利于及时达成共识，提升效率

班组长可以通过与班组成员之间的沟通，充分了解各个成员的技术能力和作业水平，合理安排生产任务，让班组成员之间分工协作。班组成员之间也只有通过沟通协作，才知道各人的分工及要做的工作，这样才可以各自调整自己的工作计划和行为，迅速解决生产中所面临的问题。

三、有利于形成团队的凝聚力和战斗力

在任何一个班组中，有效地沟通能够使班组这个小团体中的成员之间逐渐相互信任，促进上下级间、平级间的相互理解，让他们产生集体荣誉感，不断提高团队的凝聚力。

班组长现场沟通的技巧

作为班组长，要想使产品质量得到有效的控制，就要在生产现场与班组成员进行积极有效的沟通。班组长在沟通过程中，应注意以下几个方面：

一、下达指令时内容要具体

（1）下达指示和命令之前，班组长可以先从向员工询问一些相关联的小问题开始，通过员工的回答，把握其对所谈话题的兴趣度、理解度，之后再将自己的真实想法表达出来。

（2）班组长已发出的指示、命令，有时不得已要重新更正，如一些对策和方法，常常是发现一点更改一点，改来又改去，不改又不行，搞得员工疲于奔命。此时班组长应加以说明，如果不加任何说明，极易触发员工的不满："天天改，说话一点都不算数！"甚至不予执行。

（3）班组长发出指示时可用口头谈话、电话、书面通知、托人传递、身体语言等传递媒介。能当面谈话的就不要打电话；能打电话的就不要书面通知（规定文书除外）；能书面通知的就不要托人传递。

（4）除了绝对机密信息之外，对员工应说明所发出指示、命令的原因，而且是在自己认识、理解后发出的，不要只做一个"传声筒"："这是上面指示，我也不知道为什么，你照办吧！"这样一来，员工的第一个心理反应就是："你都不知道，叫我怎么做？"

二、调动起生产现场的气氛，不要死气沉沉

班组长应该让生产现场充满生机，这样才有利于员工集中精力，保持积极向上的情绪，做好自己手中的工作，进而保证产品的质量达标或提升。所以，作为班组长，不能让生产现场死气沉沉。

1. 现场有无生机的比较

现场有无生机的比较，如表 2-1 所示：

表 2-1　生产现场有无生机的比较

死气沉沉的生产现场	充满生机的现场
① 生产现场的规则混乱 ② 对稍微一点脏感觉不出来 ③ 员工不相信领导或上司 ④ 出现内部批次告发的征兆 ⑤ 员工回避费时力的工作	① 生产现场的环境改善和下功夫改善的提案多 ② 生产现场的整理、整顿、清扫无微不至 ③ 生产现场的招呼声大、有轻松愉快的氛围 ④ 早上大家互相问好，大声地传达命令

2. 使生产现场充满生机的具体做法

（1）班组长要以身作则。要让生产现场充满生机，班组长首先应以身作则，在充分理解企业品质方针和自己地位的基础上，严格遵照产品操作规程进行工作，带动班组成员的积极性，而不是一味地叫员工这样去做、那样去做。

（2）确立报告制度。要求班组成员报告时，向下达指示、命令的人报告即可。

（3）确立指示、命令系统。生产现场方针明确，指示命令一体化。

（4）在生产现场主动帮助员工。在生产现场发现员工有操作不当的行为，要耐心地讲解，并积极创造现场以外的谈心机会，在工作之余进行辅导。

（5）将班组成员的表现及时反馈给当事人。班组长应对员工在生产现场的表现做公正公平的评价，并及时将评价结果传达给当事人。评价员工工作时，做得好就表扬，做得不足时就说："再进一步就好。"总之，要多说激励员工的话。

（6）给员工独立思考、自由发挥的机会。对于在现场作业的员工来说，如果班组长只是给员工一个文件，告诉他要怎样去做，要注意哪些问题，可以做什么等，还不如直接将产品上、下限的样品发给员工，让他自己先去进行判定、研究，给他自由发挥的机会，只要能够很好地将操作的差异控制在企业所要求的可接受范围之内就可以了。

（7）不在生产现场发牢骚、抱怨。在生产现场工作时，可能会遇到很多问题，这些问题也可能让人十分头疼，但是班组长不能发牢骚、抱怨，反而要制造不说怨言的氛围。

三、适时关注员工的情绪，并给予帮助

不良的情绪会直接影响一个人的工作状态，进而影响产品质量。因此，班组长要适时关注员工的情绪，发现员工处于不良状态中的时候，就要主动询问，给予关心，必要时还应予以帮助。

1. 人事调动时

因人事变动而调到本班组的人，通常都会交织着期待与不安的心情。班组长应该帮助他早日去除这种不安心情。另外，由于工作岗位构成人员的改变，下属之间的关系通常也会产生微妙的变化，班组长一定不要忽视这种变化。

2. 下属生病时

不管平常多么强壮的人，当身体不适时，心灵总是特别脆弱。当班组长发现员工身体不适时，要主动给予关心，可以主动为其调班、让其休假等。

3. 工作不顺心时

因工作失误，或工作无法照计划进行而情绪低落时，就是关心下属心情的最佳时机。因为人在彷徨无助时，希望别人鼓舞的心情比平常更加强烈。这时，班组长就要主动找班组成员聊天，肯定员工在工作中的表现，认真聆听员工在工作中的烦心事，如果员工在工作中遇到难题，班组长就要从技术方面进行个别指导。

4. 为家人担心时

家中有人生病，或是为小孩的教育等烦恼时，脸上总是会表露出不安或烦躁的神情。这时，班组长要问清原因，主动问候家人的情况，必要时可以让员工申请休假，照顾家人。

5. 探索下属心灵状态的方法

（1）脸色、眼睛的状态（闪烁着光辉、灼灼逼人、视线等）。

（2）走路的方式、整个身体给人的印象（神采奕奕或无精打采）。

（3）说话的方式（声音的腔调、是否有精神、速度等）。

（4）谈话的内容。（谈论话题的明快、推测或措辞）。

现场沟通渠道的改善

一、完善信息交流的手段

信息交流的手段一般包括图像、声音、身体语言或刺激对方的嗅觉等。在日常生活中，以图像和声音交流为主。因此，在生产现场的交流中，班组长更多的是要训练自己的书面报告能力及表单的制作能力、口头表达能力。如果有条件，一些电子通信工具的使用对于提升交流的手段也是比较重要的。所以，在信息交流时，班组长要注意完善信息交流的手段和改善信息交流的渠道。

二、改善信息沟通的渠道

生产现场发出的信息需要得到及时反馈，班组长现场的沟通会间接影响班组成员的工作状态，生产管理现场的沟通是信息全通道型交流，否则不仅会影响生产，使产品质量得不到保证，还会影响物流、销售等其他环节。为了使生产部的信息及时反馈到各个部门，班组长必须在第一时间里，将生产进度、产品制作质量以及各道工序的生产状况等信息向外发布出去，同时也要求在第一时间接收各个部门的相关信息，并继续反馈，实现关于生产物流、销售、信息的来回交流。班组内也应该形成这样的小循环，这样可以大大地节约决策时间，节省时间成本。

1. 生产车间与各个部门之间的沟通

生产车间与各个部门之间的沟通示意，如图 2-1 所示。

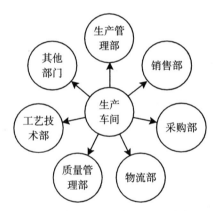

图 2-1　生产车间与各个部门之间的沟通示意

2. 班组长与班组成员之间的沟通

班组长与班组成员之间的沟通示意，如图 2-2 所示。

如何召开班前会

班前会，顾名思义是指班组每天工作前开的会。班组长要对每天的工作进行具体的安排，强调工作中要注意的安全事项。除了由班组长做工作安排外，还可以让组员在会上就本班组工作各抒己见，谈自己对工作的看法，把

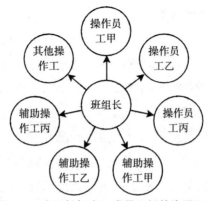

图 2-2　班组长与班组成员之间的沟通示意

工作中的难题说出来，让组员讨论、分析，找出解决的办法，以此来调动组员的积极性。做到人人参与，是交流信息和安排工作的一种管理方式。

一、班前会的作用

（1）对工作进行有序安排，提高工作效率。

（2）对员工进行礼仪教育，形成良好的风气。

（3）是员工互相学习的场所，能够集合智慧。

（4）增强工作的紧迫感，促使员工积极工作。

（5）能够让班组长和员工养成遵守规定的习惯。

（6）能够增强班组长的表达能力、沟通能力。

二、班前会的内容

（1）发出号令，集合人员。

（2）人员报数点到（通过报数声音确认人员的精神状态）。

（3）总结昨天的工作。

（4）传达今天的生产计划和基本活动，说明注意事项。

（5）企业指示事项的转达。

（6）人员工作干劲的鼓舞。

（7）宣布作业的开始。

三、班前会的程序

1. 班前点名

所有参会人员以班组为单位到指定的地点集合，列队站好（一般列两面横队），等待班组长点名。

2. 整理队列

班组长点完名后，要进行整理队列训练，由班组长喊立正、稍息、向右看齐等口令，员工要按照口令做相应动作。

3. 宣读口号

公司理念要作为班前会一项内容集体宣读。如"改善、改善，天天向上！"又如"不接受不良产品，不制造不良产品！"

4. 班前排查

班前会上做好"三查"

（1）查仪表。检查工作服、工作帽穿戴情况，有无不符合要求。

（2）查安全。检查安全帽、安全带、防护眼镜等防护用品是否佩戴正确。

（3）查精神状态。要做到察言观色，观察员工是否休息好、有没有班前饮酒、身体不适、情绪波动等不利于工作的状态，确保员工精神饱满、心情舒畅。

5. 对各类信息进行传达

（1）对企业的政策、经营销售情况、员工调动情况等进行说明。

（2）传达部门的工作指令、工作任务以及要求和标准。

（3）班组长在传达信息的时候必须要及时、准确，要让所有的员工清楚明白。

6. 强调劳动纪律

对上阶段员工的出勤情况、工作情况进行总结，强调本岗位劳动纪律、作业程序和作业标准、安全注意事项等。

7. 布置工作

（1）交任务。做到工作任务目标明确，员工对干什么、如何干、达到何种质量标准明明白白、清清楚楚，明确本班组要完成的工作指标并分工到个人，增强当班员工完成工作任务的信心和决心。

（2）交安全。介绍当天作业的内容和地点，分析存在的安全隐患，制定防范措施，逐项交代，并落实责任人。

（3）交技术。对当天作业的工艺及技术要求进行交代，要求逐项、逐条，讲清、讲透，让员工掌握工作的要点。

8. 总结表扬

对前一天的工作情况进行总结，对表现突出的员工给予表扬和鼓励，倡导其他员工向他学习。对工作出现问题的员工进行批评指导，提醒大家按照作业标准工作。最后，应加重语气询问员工："对完成今天的工作有没有信心？"

四、班前会的要求

（1）班前会每日必须准时召开，在工作前 20 分钟开始，持续 15 分钟。

（2）当日当班全体人员必须参加班前会。

（3）班组长负责召开本岗位班前会，并指派专人做好"班前会会议记录"，以备企业或部门随时进行检查。

（4）班组长在组织班前会时，要注意礼貌用语，请先说："各位同仁，大家好。"

（5）生产人员反映的问题应是自己在工作时无法解决的或客观存在的。

（6）班组长应让轻松和谐的气氛贯穿始终。

（7）班组长应衣着整齐、干净；面带微笑、态度诚恳、吐字清晰、音调高，并注意自己的站立姿势，不可左右摇摆。

（8）班组长不可做人身攻击性的发言和动作。

（9）班组长不可不懂装懂、胡言乱语或者中途离席。

第三章　设备质量管理：确保生产零失误和高效率

第一节　机器设备的日常维护和管理

班组设备管理的内容有哪些

一、什么叫设备

设备指可供人们在生产中长期使用，并在反复使用中基本保持原有实物形态和功能的生产资料和物质资料的总称，它是生产的物质基础，是维持生产的基本条件。

二、班组设备的类别

1. 机械

包括机床、打包机、自动插件机等。

2. 计测器

一种测量工具，作用是判定产品品质。

3. 工装夹具

一种辅助器具，配合产品的组装、加工和测量，能够提高工作效率。

4. 工具

如电钻、扳手等。

5. 样板或样品

对产品进行颜色、外观的感官判定和对尺寸、形状的实物判定的一种物品，是测量的一种替代形式。

三、如何进行设备管理

1. 什么叫设备管理

设备管理是以设备为研究对象，追求设备综合效率，应用理论、方法，通过一系列技术、经济、组织措施，对设备的物质运动和价值运动进行全过程（从规划、设计、选型、购置、安装、验收、使用、保养、维修、改造、更新直至报废）的科学型管理。

2. 设备管理的主要任务

（1）不断提高工厂技术设备的性能、效率、精度等。

（2）在安全保障下最大限度地充分发挥设备效能。

（3）保障工厂设备的完好。

（4）取得良好的设备投资效益。

3. 设备管理的主要内容

总的来说，设备管理的主要内容分为选配设备、使用设备、维护设备、改造设备等几个方面。

（1）分析各种要素，正确地选配经济适用、高效率的设备。

（2）使用与维护设备。

1）建立健全班组设备使用和维护制度。

2）建立健全设备巡检标准，做好检查工作，认真填写班组设备巡检记录。

3）根据设备能力和完好状态恰当地安排生产任务，调整工作负荷。

4）根据操作规程，对员工的操作行为进行检查和监督，并鼓励员工积极对设备的情况进行传递和反馈。

5）对设备薄弱环节要进行立项处理，其中薄弱环节包括经常发生故障、维修无效的部位，影响产品质量和产量的部位，存在安全隐患的部位等。

6）组织并指导员工做好班组内设备的维护保养、日常点检、清扫、加油和紧固等工作。

7）为设备创造良好的工作环境，对设备的隐患责成有关人员进行监管，并准备随时做出判断。

8）经常进行爱护机器设备的宣传和教育，提高使用者对设备养护的认识。

（3）改造设备。

1）对原有设备进行局部改革，以改进性能，增进功能、提高精度或生产率。

2）不断研究技术的革新，选择更适合当前生产的设备。

设备管理的规程是什么

一、什么叫设备管理规程

设备管理规程是指对设备管理的有关规定、程序和要求，主要包括设备操作规程、设备使用规程、设备维护规程等。

二、设备管理规程的主要内容

1. 设备操作规程

设备操作规程是指对操作工人正确操作设备的有关规定和程序。各类设备的结构不同，操作设备的要求也会有所不同，编制设备操作规程时，应该以制造厂提供的设备说明书的内容要求为主要依据，这是操作人员务必要遵守的。其主要内容包括以下几个方面：

（1）操作设备前对现场清理和设备状态检查的内容和要求。

（2）操作设备必须使用的工具、器具。

（3）设备运行的主要参数。

（4）常见故障的原因及排除方法。

（5）开始的操作程序和注意事项。

（6）润滑的方式和要求。

（7）点检、维护的具体要求。

（8）停止的程序和注意事项。

（9）安全防护装置的使用和调整要求。

（10）交接班的具体工作和记录内容。

2. 设备使用规程

设备使用规程是对操作人员使用设备的有关要求和规定。主要有以下几个方面的内容：

（1）对于设备的操作人员，必须坚持先培训后上岗的原则，并于考试通过后方可操作。

（2）设备使用前，操作人员必须对设备的安全性进行检查。

（3）操作人员必须准确填写设备的运行记录。

（4）坚决不能超负荷使用设备。

（5）严格遵守交接班制度。

3. 设备维护规程

设备维护规程是指对操作人员维护设备的有关要求和规定，这要根据具体的设备类型来确定。

设备的三级保养工作实务

一、什么是设备的三级保养

设备维护保养工作，依据工作量大小和难易程度，分为日常保养、一级保养和二级保养，所形成的维护保养制度称为"三级保养制"。

二、三级保养的主要内容及要求

1. 设备的日常保养

（1）主要内容。

1）认真检查设备使用和运转情况并做好原始记录。

2）填写好交接班记录，明确责任。

3）擦洗、清洁设备各部件，定时加合格的油润滑。

4）随时注意紧固松脱的零件，消除设备小缺陷。

5）检查设备的零部件是否完整，工件、附件是否放置整齐等。

（2）基本要求。

1）这类保养由操作者负责，每日班后小维护，每周班后大维护。

2）每班工作结束后，将机床清理干净，每周擦洗机床1次。

3）机床闲置一周以上时，对其易生锈部位及时进行防锈处理。

4）每半年进行一次水平检验，对不合水平要求的机床进行水平调整。

2. 设备的一级保养

（1）主要内容。

1）检查、清扫、调整电器控制部位；彻底清洗、擦拭设备外表，检查设备内部。

2）检查、调整各操作、传动机构的零部件。

3）检查油泵、疏通油路，检查油箱油质、油量。

4）清洗或更换渍毡、油线，清除各活动面毛刺。

5）检查、调节各指示仪表与安全防护装置。

6）发现故障隐患和异常，要予以排除，并排除泄漏现象等。

（2）基本要求。

1）以操作工为主，维修工人配合保养，一般为一个月1次。

2）设备的摆放整洁，外观清洁、明亮。

3）设备足够润滑，油路畅通、油窗明亮。

4）设备能够无故障地运转。

5）安全防护、指示仪表齐全、可靠。

6）保养人员应对保养的主要内容、保养过程中发现和排除的隐患、异常、试运转结果、试生产件精度、运行性能等以及存在的其他问题做好记录。

3. 设备的二级保养

（1）主要内容。

1）完成一级保养的全部工作。

2）对润滑部位进行全面、整体清洗，要顾及每个局部。

3）定期检查润滑油质量，进行清洗换油。

4）检查设备的动态技术状况与主要精度（噪声、振动、温升、油压、波纹、表面粗糙度等）。

5）调整安装水平，修复或更换零部件。

6）刮研磨损的活动导轨面，修复，调整精度已劣化部位。

7）校验机装仪表。

8）修复安全装置。

9）清洗或更换电机轴承。

10）测量绝缘电阻。

（2）基本要求。

1）保养的操作以专业维修工为主，操作工配合。

2）无漏油、漏水、漏气、漏电现象。

3）声响、振动、压力、温升等符合标准。

4）做好详细的保养记录。

怎样开展自主保养

一、什么叫自主保养

自主保养是以生产现场操作人员为主，按照人的感觉（听觉、触觉、嗅觉、视觉、味觉）对设备进行检查，并对加油、紧固等维修技能加以训练，使员工有能力对小故障进行修理。即通过不断地培训和学习，使现场操作人员逐渐熟悉设备的构造和性能，不但会正确操作、保养机器和诊断故障，而且会处理小故障。

二、自主保养的范围

自主保养主要围绕现场设备进行保养，包括清洁、整顿、维修等基础工作。它的基本范围可以区分为五种，如表 3-1 所示。

表 3-1　自主保养的范围表

范　围	含　义
整理、整顿、清扫	是 5S 中的 3S，延续了 5S 活动
基本条件的整备	包括机械的清扫、给油、锁紧重点螺丝等基本条件
目视管理	使判断更容易，使远处式的管理近处化
点检	作业前、作业中、作业后点检
小修理	简单零件的换修，小故障的修护与排除

三、自主保养的三个阶段

1. 防止劣化阶段

主要工作内容：清扫、给油、检查螺丝、记录设备运行情况和异常情况。

2. 发现和测试劣化阶段

主要工作内容：对设备进行定期检查，处理潜在错误。

3. 改善劣化阶段

主要工作内容：处理异常情况。

四、自主保养开展步骤

（1）初期清扫。

（2）污染源及难点问题对策。

（3）制定自主保养临时基准书。

（4）总点检。

（5）自主点检。

（6）整理、整顿。

（7）进行彻底的自主管理。

五、要点

（1）将"坚持自主保养"作为生产部门的工作任务，把"自主保养"确定为企业的管理方针，明确提出向"零事故、零故障、零短暂停机"的目标迈进。

（2）定期开展交流会，表扬优秀成果。

（3）定期举办自主维修工作研讨会，不断改善自主保养机制。

怎样进行设备点检与巡检

一、什么叫设备点检

为了提高、维持生产设备的原有性能，通过人的五感（视觉、听觉、嗅觉、味觉、触觉）或者借助工具、仪器，按照预先设定的周期和方法，对设备上的规定部位（点）进行有无异常的预防性周密检查的过程，以使设备的隐患和缺陷能够得到早期发现、早期预防、早期处理，这样的设备检查称为点检。

二、点检的分类

1. 按照点检周期可以分为日常点检、定期点检、精密点检和重点点检

（1）日常点检。以操作人员为主，维修人员配合，每日每班靠感官和简单测试仪器对设备规定部位在运行前、运行中、运行后进行的技术状态检查，以及时发现故障征兆和事故隐患。日常点检可以参照以下步骤来进行：

1）根据设备操作说明书和维修手册，结合本企业的管理经验和操作员工的技术水平，确定日常点检的检查范围、检查方法和检查项目。

2）制定日常点检的工作规范、流程和技术标准。

3）设计日常点检记录表。

4）建立日常点检工作指导监督体系，由专职人员定期抽查和辅导。

5）开办日常点检培训班，实行技术考核，持证上岗。

（2）定期点检。分为短周期点检和长周期点检两种，由专职点检员承担，在设备完整的情况下，按预先确定的周期，用感官和相应的仪器工具按规定项目、内容、方法、标准进行的检查。定期点检可参照以下步骤进行：

1）根据定期点检的目的，结合本企业的管理经验和专职检查人员的技术等级，确定定期点检的检查方法、检查范围和检查项目。

2）依据设备磨损规律与确保整机功能、精度、安全等要求，细化检查项目、检查内容、鉴定标准和检查周期，并将定期点检区分为若干级别。

3）选择并细化检查方法，制定诊断标准对照表、检查项目，准备仪器及其他相关事项。

4）建立定期点检站，并为点检站配备专门的检测仪器。

5）建立定期点检工作指导监督体系，企业高层管理人员要定期抽查和辅导。

6）开办定期点检培训班，进行检测仪器操作培训与技术考核，颁证上岗。

7）制定、实行定期点检经济考核方案。

（3）精密点检。首先由专职点检员提出，然后委托技术部门或检修部门定期或不定期地在对设备部分或全部解体的情况下所进行的鉴定检查。

（4）重点点检。在设备出现疑似故障时，由技术部门或者检修部门对设

备进行的解体检查或精密点检。

2. 按照点检分工可以分为操作点检和专业点检

（1）操作点检：由岗位操作工负责。

（2）专业点检：由专业点检修护人员负责。

3. 按点检方法可以分为解体点检和非解体点检

（1）解体点检：将设备拆分，对小零件进行修理和更改。

（2）非解体点检：对设备进行整体检查。

三、点检的工作内容

1. 设备点检

依靠五感（视觉、听觉、嗅觉、味觉、触觉）进行检查。

2. 局部小修理

对小零件进行修理和更换。

3. 紧固、调整

对弹簧、皮带、螺栓、制动器及限位器等紧固和调整。

4. 清扫

对隧道、地沟、工作台及各设备进行清扫。

5. 给油脂

给油装置的补油和给油部位的加油。

6. 排水

给集气包、储气罐等排水。

7. 记录

对点检内容及检查结果做记录。

四、点检工作的"五定法"

1. 定点

明确检查项目，设定设备需要检查的部位、内容，让点检有目的、有方向。

2. 定标

指定判定检查部位的标准，为检查提供依据。

3. 定期

按照设备的重要程度制定相应的点检周期。

4. 定人

规定各点检项目的实施人员。

5. 定法

制定明确的检查方法。

五、点检的程序

（1）制定点检方法。

（2）设定点检周期。

（3）做好点检记录。

（4）制作点检表。

（5）定期报告点检情况。

（6）保管好点检记录。

六、点检的注意事项

（1）要明确点检的管理对象。

（2）要了解点检的位置的机能与构造。

（3）要知道点检的方法和对异常的判断方法。

（4）要明确点检的位置的机能是否正常。

七、设备点检中的要点

1. 有关润滑油的点检

在点检机器设备时，有关润滑油的点检要注意断油现象，断油是引起设备故障的一个大问题。机器设备的润滑油部位通常会在不知不觉中出现漏油或断油现象。所以，可以在油口处标上鲜明的颜色，可以在标出上、下限的位置，还可以表示出单位时间的消耗量等一些可以一目了然地发现问题或异常的方法。

2. 有关螺栓和螺母的点检

有时候产生问题恰好是那些不容易被发现的地方，如螺栓和螺母松了、掉了。这些很难察觉的细微之处要特别注意。可以在正常拧紧的状态下，在螺栓和螺母上划一条连线（点检线）作为标记，也可以用颜色标识出来。

3.有关油压和气压的点检

油压和气压作为一般设备的动力源，最容易发生故障。因此，可以标明设定油压、油面计、配管的接头，或者装上金属标牌，在金属标牌上说明用途。

八、设备日常巡检

1.什么叫设备巡检

设备巡检是指对现场设备的巡查和检查。

2.设备日常巡检的目的

（1）掌握设备运行状况及周围的环境变化。

（2）发现设备的缺陷及安全隐患，及时采取有效措施。

（3）保障设备的安全和系统稳定。

3.设备巡检的主要内容

（1）设备状况（润滑、密封、腐蚀）。

（2）建筑物状况。

（3）有无泄漏状况。

（4）检修质量及进展状况。

4.设备巡检的步骤

（1）根据系统的运转情况制定出巡检路线、内容及巡检要求，并落实到班次人员。

（2）严格按时间和巡检内容进行巡检。

（3）发现问题及时填写检查记录表并上报。

（4）制定整改措施，审批通过后执行设备维修计划。

设备使用质量控制制度

一、设备使用质量控制制度的目的

制定设备使用质量控制制度的目的是确保机器设备满足产品生产过程中

的质量要求，避免因设备损坏影响产品质量。该制度可适用于进行加工生产的所有作业人员。

二、作业人员使用生产设备的准备工作

（1）作业人员必须经过专门的培训或训练，并取得操作证后才能正式上岗，新进人员在未取得操作证的情况下，要由持有操作证的员工指导操作。

（2）启动设备之前，要按照使用规程的相关规定进行检查。

（3）进行必要的试操作前，必须观察上下工序和设备区域内是否有人工作或放置物件。

（4）作业人员在生产线上或集体操作设备的时候，要熟悉和掌握开机前的内容和合作方式。

三、生产中设备出现问题时的处理程序

（1）生产作业人员要按照机器设备的操作规程进行作业，如果在生产过程中，发现设备出现了问题，要立即上报班组长。

（2）班组长应立即确认，要求作业人员停止工作，并请维修人员到生产现场进行检测、维修。

（3）班组长要填写相关表单，并通知质量管理部检查生产出来的产品。

（4）质量管理部应派检验人员对生产出来的产品或半成品进行检验，将质量不合格的半成品或成品与质量合格的区分开来，并做好标识。

（5）将不合格的半成品或成品送往仓库管理部，由仓库管理员妥善保管，合格的半成品或成品可以流入下一道工序或出厂。

（6）维修好的设备要经过首件检验，如果利用该设备生产的第一件（或第一批）产品质量合格，就可以继续生产，如果不合格，应再次检测、维修。

四、加强设备的更新维护

（1）班组长要定期检查本班组负责的生产设备，做好"5S"管理工作。

（2）企业要适时更新生产设备，或者对生产设备定期进行检修和更新，最大限度地保证产品质量。

制定生产设备点检制度

一、什么叫设备点检制

所谓的点检制，是按照一定的标准、一定周期，对设备规定的部位进行检查，以便早期发现设备故障隐患，及时加以修理、调整，使设备保持其规定功能的设备管理方法。需要强调的是，设备点检制不仅仅是一种检查方式，而且是一种制度和管理方法。

二、点检员的岗位职责

（1）编制和修订点检的技术方案和计划。

（2）制定设备维修工作时，做好维修费用的预算、统计、审核等工作。

（3）负责管辖区域设备管理的整体工作。

（4）负责设备维修的质量管理和质量验收。

三、"三位一体"点检制及五层防护线

1. 什么叫"三位一体"点检制

将岗位操作人员的日常点检、专业点检员的定期点检、专业技术人员的精密点检三者结合起来的点检制度。

2. 什么是五层防护线

第一层防护线：岗位操作人员的日常点检。

第二层防护线：专业点检员的定期点检。

第三层防护线：专业技术人员的精密点检。

第四层防护线：诊断问题，找出原因，制定对策。

第五层防护线：每半年或一年的精密检测。

四、设备点检制的"八定"特点

1. 定人

确定专职和兼职的设备点检员，并规定人数。

2. 定点

明确设备故障点，点检部位、项目和内容。

3. 定量

对劣化倾向的设备进行定量化测定。

4. 定周期

针对不同设备、不同设备故障点确定不同点检周期。

5. 定标准

给出点检部位的判断标准。

6. 定点检计划表

点检计划表又称作业卡，用来指导点检员按计划作业。

7. 定记录

包括作业记录、异常记录、故障记录及倾向记录，它们都有固定的格式。

8. 定点检业务流程

明确点检作业和点检结果的处理程序。

五、设备点检分类与作业内容

设备点检主要分为日常点检、定期点检、精密点检。

1. 日常点检

设备的日常点检是由操作人员对设备在运行前、运行中、运行后进行随机检查。其主要内容包括：

（1）运行状态及参数。

（2）安全保护装置。

（3）易磨损的零部件。

（4）易污染、易堵塞、需要经常清洗、更换的部件。

（5）在运行中经常要求调整的部位。

（6）在运行中出现不正常现象的部位。

2. 定期点检

设备的定期点检是以专业维修人员为主，操作人员协助进行的检查。其主要内容有：

（1）记录设备的磨损情况，发现其他异常情况。

（2）更换零部件。

（3）确定修理的部位、部件及修理时间。

（4）安排检修计划。

3. 精密点检

由专业技术部门采用专门仪器装备，定期或不定期地在对设备部分或全部解体的情况下所进行的鉴定检查。其主要内容包括：

（1）随机的指令性检查。

（2）处理事故的鉴定检查。

（3）行政监督或工况试验的解体检查。

（4）设备中修或大修的拆洗鉴定和验收测试。

生产设备日常巡检制度

班组在进行设备成本管理的日常检查的时候，一定要执行好设备的日常巡检制度。对设备进行日常巡检是企业为了能够准确地评价有关产品生产设备的使用和磨损程度等情况，班组按照一定的周期对企业生产现场设备进行巡视检查，是设备管理的重要部分。

设备日常巡检管理包括车间巡检、厂级部门（如设备科）对车间的设备抽检等方面的管理。车间现场巡检主要包括设备状况（润滑、密封、腐蚀）、建筑物状况、有无泄漏状况、检修质量及进展状况。

而班组之所以要对设备进行巡检，就是为了能够保证设备在不解体的情况下用感官和相应的仪器工具按规定项目、内容、方法、标准进行检查，以测试设备的使用情况是否正常。

在对设备进行检查的时候，很多的企业都会定期或者不定期地对设备在部分或者是全部解体的情况下，由专业技术部门采用专业仪器装备进行鉴定检查。像这类的精密检查是不包含在日常巡查中的，这种精密的检查一般包括随机的指令性检查，处理事故的鉴定检查、行政监督或工况试验的解体检查、设备小修或大修的拆洗鉴定和验收测试、维修过程中的各种台架试验等类别。

一、班组巡检的主要内容

1. 日常巡检

班组在进行日常巡检的时候，其侧重点在于发现设备的异常现象，可以在企业员工交接班或中间停歇时间进行，而且检查项目简单易行，不需要花费太长的时间，有 20 分钟足矣。

2. 定期巡检

班组在进行定期巡检的时候，侧重点要放在检测设备和零部件的劣化趋势上，也因此，检查项目会比日常巡检深入，不过定期巡检不需要解体设备进行检查，时间也不会过长，一般都在 40 分钟左右。

二、巡检的步骤

当确定了巡检的主要内容之后，班组还要确定好设备巡检的步骤，主要有以下几点：

（1）参照设备操作维修手册和说明书，结合本企业操作员工的技术水平和班组的管理经验，确定出日常点检的检查项目、检查方法和检查范围。

（2）制定日常点检技术标准、工作规范和规程。有条件的单位还要编制故障征兆、原因和处理措施对照表。

（3）建立日常点检工作指导监督体系，由专职人员定期抽查和辅导。

（4）设计日常点检记录表。

（5）制定并实行日常点检经济考核方案。

（6）开办日常点检培训班，实行技术考核，持证上岗。

三、巡检要求

在设备巡检中发现问题时，相关检查人员应填写设备检查记录表。车间设备管理员根据设备检查记录制定设备整改措施和维修计划，经审批通过后，执行设备维修计划，进入设备维修管理流程。生产班组长以及其他基层生产管理人员是设备日常巡检的负责人，这包括：

（1）巡检人员严格按时间和巡检内容进行巡检，发现问题及时解决或上报处理。

（2）当值人员与各系统技术人员根据系统的运转情况制定出巡检路线、

内容及巡检要求，并落实到各班次人员。

（3）填巡检记录表，月终整理、汇集，上报工程部经理，档案管理人员收存备查。

（4）保证各系统的正常运行和重点设备正常运转。

生产设备管理工作标准

表 3-2　生产设备管理的工作标准

项目	标准
工作标准	①建立全公司设备台账，掌握分布增减变化，使用维修，完好情况 ②统一编号，分类管理，建立完善的固定资产卡、账目，做到账务卡相符 ③建立各种设备的调入、验收、调出、改装、报废手续 ④参加并办理设备的开箱、验收、安装调拨 ⑤组织有关人员每月进行一次设备检查、评比，并使原始记录完好率在90%以上 ⑥及时报送设备完好率报表 ⑦归档收集设备档案和技术资料
安全	①认真组织对设备进行大修，并进行测试和试运转 ②制定机电设备使用和维修规定，机电设备不得"带病"运转 ③定期、不定期地对全公司机电设备进行安全检查和测试
准时	①准时上班、下班 ②认真履行公司出勤规定
标准化	①认真履行标准化办公室制度 ②制定设备运输、存放、维修和使用标准的规定
素养	①按时参加机电科和公司的各项会议和活动，着装整洁 ②认真履行本公司的各项规范和规定，不做出违反各项规范和规定的行为 ③认真制定本科室的行为规范
考核	①设备维修及时，设备情况掌握清楚 ②账目齐全、设备使用手续齐全

生产设备管理工作流程

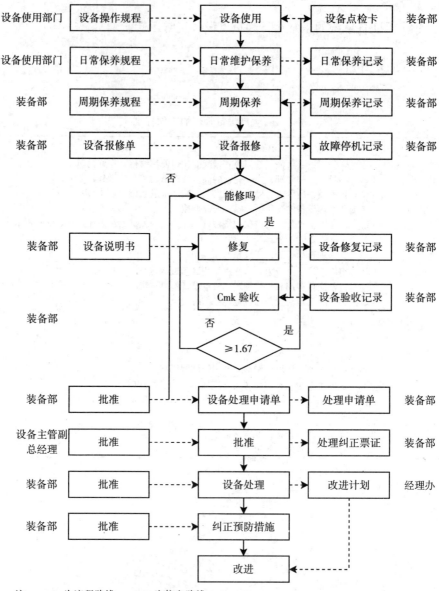

注：- - -▶为流程路线；——▶为信息路线。

图3-1 生产设备管理工作流程

第二节 仪表、工具的日常维护和管理

怎样管理仪器仪表

一、什么叫仪器仪表

仪器仪表是用以检出、测量、观察、计算各种物理量、物质成分、物性参数等的器具或设备。真空检漏仪、压力表、测长仪、显微镜、乘法器等均属于仪器仪表。广义来说，仪器仪表也可具有自动控制、报警、信号传递和数据处理等功能，如用于工业生产过程自动控制中的气动调节仪表和电动调节仪表，以及集散型仪表控制系统也皆属于仪器仪表。

二、班组长管理仪器仪表的五大任务

班组仪器仪表管理是指对生产所需要的仪器仪表进行申领、合理使用、精心维护、保持性能和精度、遵守各项管理制度等一系列工作的总称。班组仪器仪表管理的任务如下：

（1）制定并完善仪器仪表管理方面的制度，并严格要求操作人员执行。

（2）指导员工合理、正确使用仪器仪表，保证仪器仪表的性能正常。

（3）精心维护好仪器仪表，做好存放、检验、鉴定报废、记账、立卡、统计等工作。

（4）对仪器仪表的各种相关技术资料做好保管。

（5）正确处理好仪器仪表事故，防止再次发生。

三、班组长管理仪器仪表的具体工作

1. 仪器仪表的领用与建账

（1）根据规定制定新产品方案，报请主管部门批准计划。

（2）仪器仪表到货后建立账卡，进行验收。

（3）验收的主要内容有：外观检查，即检查外壳包装是否有破损；成套

性检查，即根据装箱单、说明书清点机、辅机、附件和专用工具、随机图纸、技术资料、说明书、外设接线等进行检查；性能检验，即按说明书相关规定的技术指标进行逐项检查。如果是大型、精密、稀有仪器，还应填写验收报告，同时将图纸、技术资料交上级主管部门存档，班组要保存好说明书（或其复印件）。

2. 正确使用仪器仪表

（1）保持工作环境的清洁良好。注意工作环境的温度、适度，保持通风、干燥。

（2）在技术规范允许范围内使用仪器仪表。规定仪器仪表的使用范围，做到仪器仪表不"带病"工作，不以粗代精，不负载使用，未经许可不能拆卸、分解仪器仪表。

（3）熟练掌握仪器仪表的操作规程。确保电源和其他动力源匹配，各外设附件配置得当，接触或密封良好，才可开机使用。所有的操作都要按照规程进行，包括操作顺序、方法、连续使用时间、使用精度、使用极限等。

3. 遵守周期检查制度

班组必须按照主管部门有关周期检定制度的规定，按时、按量把仪器仪表送交检验、检定，并做好记录，这样才能保证仪器仪表的准确性和可靠性。

4. 做好仪器仪表的维护保养工作

仪器仪表维护保养的主要内容是防尘、防潮、防腐、防老化工作。要每天擦拭外壳，保持其清洁卫生。长时间停用时应用布罩遮盖，有些仪器仪表还需要避光。安排员工负责，做到每件仪器仪表都有人管。

5. 做好精密仪器仪表的管理工作

对于精密、贵重、稀有仪器仪表应该给予高度重视，要严格实行"四定"、"五不"的管理维护制度。

"四定"：定使用地点，定使用人员，定检修人员，定专用管理制度。

"五不"：开机不离人，精机不粗用，不"带病"工作，不违反操作规程，不在仪器上堆放其他仪器及物品。

6. 做好其他管理工作

（1）搞好仪器附件的管理。仪器在使用过程中很容易出现附件遗失现象，导致仪器不能在正常状态下继续使用，从而对生产造成严重影响。好的管理方法是附件随仪器一起建账，规定固定放置地点，建立借用制度，规定仪器和附件换人使用时的交接手续。

（2）做好仪器技术资料的保管工作。一般的仪器仪表说明书、操作规程、鉴定卡，车间要存原始文件，班组要保存复印件，并设有专人保管。如需借阅，还得做好记录。

（3）仪器仪表的损坏、遗失处理。要立即将遗失数量、损坏程度、价值多少等有关信息上报主管部门，针对不同情节，采取惩罚措施。各单位都应建立仪器遗失赔偿制度。

（4）仪器仪表的报废和利用。确定仪器仪表因为各种原因而无法继续使用时，班组可通过车间向主管部门提出报废申请。主管部门经有关机构技术鉴定、审查同意后报经理部主管领导审批，方可正式报废。

计量器具及其使用和校准

一、什么是计量器具

简单地说，计量器具就是单独或连同辅助设备一起用以进行测量的器具。因此，计量器具也称"测量仪器"，用以直接或间接测出被测对象的量值。计量器具广泛应用于生产、科研领域和人们日常生活等各方面。

二、计量器具的分类

（1）按结构特点

可以分为量具、计量仪器仪表和计量装置三类。

1）量具。在使用时以固定形态复现或提供给定量的一个或多个已知值的器具，它又可分为独立量具（如尺子、量筒等）和从属量具（如砝码、量块等）两种。

2）计量仪器仪表。可以将被测量的量转换成可直接观测的指标值等有效信息的计量器具，如温度计、压力表、心脑电图仪、流量计、电流表等。

3）计量装置。计量器具和辅助设备的总体组合，可以用来确定被测量值，如煤气表检定装置、出租车里程计价表检定装置等。

（2）按计量学用途可以分为计量基准器具、计量标准器具、工作计量器具三类。

1）计量基准器具。用以复现和保存计量单位量值的计量器具，以下简称计量基准。它作为全国统一量值的最高依据，通过了国家技术监督局批准。一般来说，计量基准又分为国家计量基准（主基准）、国家副计量基准和工作计量基准三类。

2）计量标准器具。准确度低于计量基准，用于检定其他计量标准或工作计量器具的计量器具，以下简称计量标准。计量标准器具包括企事业单位计量标准、部门计量标准和社会公用计量标准。

3）工作计量器具。用于现场测量而不用于检定工作的计量器具，像秤、卡尺、体温计、千分尺、血压表、电压表等都属于工作计量器具。

（3）按等级可分为 A 类、B 类、C 类计量器具。

1）A 类计量器具。企业最高计量标准和计量标准器具，一般用于进出厂物料核算、生产工艺过程中和质量检测中关键参数检测使用。A 类计量器具包括自准直仪、立式光学计、零级刀口尺、直角尺检具、水平仪检具、百分表检具、百分尺检具、千分表检具等。

2）B 类计量器具。未列入强制检定工作计量器具范围的计量器具。在内部物料管理、二三级能源计量、产品质量的一般参数检测、生产工艺过程中非关键参数计量时，通常使用 B 类计量器具。B 类计量器具包括电压表、电流表、兆欧表、电功率表、电桥、直角尺、塞尺、卡尺、焊接检验尺、千分尺、百分尺、水平仪、水准仪、经纬仪、千分表、超声波测厚仪、硬度计、温度计、检流计，还包括超声波探伤仪、分光光度计、5 米以上的卷尺、转速表、衡器、天平、压力表、标准电阻箱、校验信号发生器等。

3）C 类计量器具。低值易耗的、非强制检定的计量器具，用于辅助生产，其使用时对计量数据没有精确要求。C 类计量器具包括钢直尺、弯尺、5 米以下的钢卷尺等。

三、计量器具的操作规程

企业要针对一些常用的计量器具，制定操作规程，要求班组人员及其他相关工作人员要熟练掌握这些操作规程，按照正确的方法进行操作，并在日常工作中做好维护和保养工作，按期送检、校准，不超期使用，保证其测量值准确可靠，确保产品质量。

四、计量器具的使用及校准

1. 对计量器具的校准状态进行标示

在计量器具上一般都要贴上校准状态的标签，如果是体积较小的计量器具，可以将标签贴在其包装盒或包装袋上。这是为了让使用者了解计量器具的状态（限制使用、停用、合格等）和有效期限。其由使用者妥善保管，但器具上要刻上编号，便于追溯。

2. 计量器具的调整

调整计量器具是为了使计量器具的准确度及其他性能达到规定要求。在使用计量器具时，要根据需要对计量器具进行调整。调整时要严格遵守该计量器具操作规程，避免因调整不当造成计量不准。如游标卡尺、万用表等计量器具在使用前要进行调整，使其归零。

3. 调整时要注意校准失效

有些长期不使用的计量器具，校准可能会失效。因此，为了防止校准失效，应采取相应的措施。如对作业人员进行资格认证，有相关资格证者才能上岗。

4. 加强防护

企业相关负责人要加强对计量器具的防护，在搬运、储存和维护的过程中，一定要采取保护措施，防止计量器具损坏或失效。如可以为计量器具提供适宜的存放和使用环境。

5. 计量器具失准时的处理

如果在使用计量器具时，发现计量器具偏离校准状态，要立即上报。相关负责人要评价被检产品的有效性，对检定或校准方法，校定、校准周期，计量人员工作责任心及操作熟练度，计量器具的适用性重新进行评价，根据评价结果再适时采取相应措施。对设备和受影响的产品采取以下措施进行保护：

（1）对设备进行修理并重新校准。

（2）追回产品进行重新检测。

（3）查明计量仪器失准的原因。

测量误差的修正和预防

一、什么是测量误差

测量误差就是指测量结果与实际值之间的差值。实际上，不论观测进行得多么细致，测量仪器多么的精密，所得到的各观测值质检结果总会存在差异。

二、测量误差的来源

检测人员在进行测量工作的时候，由于观测者的技术水平和仪器本身构造的不完善和外界环境等原因，可能会导致测量误差的产生。产生测量误差的根本原因就是观测条件不理想和不断变化。因此，检测时的观测必须满足观测者的技术水平、外界环境和测量仪器三个条件。测量误差主要来自以下四个方面。

1. 观测者的自身条件

由于观测者感官鉴别能力所限以及技术熟练程度不同，也会在仪器对中、整平和瞄准等方面产生误差。

2. 观测方法

理论公式的近似限制或测量方法的不完善。

3. 仪器条件

仪器在加工和装配等工艺过程中，不能保证仪器的结构能满足各种几何关系，这样的仪器必然会给测量带来误差。

4. 外界条件

主要指观测环境中气温、空气湿度和清晰度、气压、风力以及大气折光等因素的不断变化，导致测量结果中带有误差。

三、测量误差的分类及修正

1. 系统误差

（1）系统误差，是指能够按照一定规律变化或保持恒定不变的测量误差。具体来说，系统误差反映的是在一定条件下误差出现的必然性，也反映了测量结果的准确度。也就是说系统误差表示了测量结果偏离其真实值的程度，系统误差越小，测量结果的准确度就越高。测量设备、测量方法的不完善和测量条件的不稳定而引起的误差就属于系统误差。

（2）对系统误差进行修正或消除，其根源就是正确选择测量方法和测量仪器，尽量使测量仪表在规定的使用条件下工作，消除各种外界因素造成的影响。在测量时，可以使用替代法、正负误差补偿法等。如测量电流时，为避免外界磁场对读数的影响，可以进行两次测量，并把电流表转动180度。在两次测量中，就会得到一个偏大的读数和一个偏小的读数，那么测量结果应是两次读数的平均值，抵消其正负误差，就可以有效地消除外磁场对测量结果的影响。

2. 偶然误差

（1）偶然误差，是指在同一条件下对同一被测量对象重复测量时所产生的误差，又称随机误差。偶然误差反映的是在一定条件下误差出现的可能性，是一种大小和符号都不确定的误差。温度、磁场、电源频率等的偶然变化或观测者本身感官分辨能力的限制都可能造成偶然误差。偶然误差反映的是测量结果的精密度，偶然误差越小，精密度就越高。

（2）根据统计学原理，我们可以得知：在足够多次的重复测量中，正误差和负误差出现的可能性几乎相同，偶然误差的平均值几乎为零，所以，保证测量精密度的前提是足够的测量次数。因此，要修正或消除偶然误差，可以在测量时，对被测量对象进行足够多次的重复测量，然后取其平均值作为测量结果。

3. 疏失误差

（1）疏失误差，是指测量过程中由操作、记录、读数和计算等方面的错误所引起的误差。

（2）凡是含有疏失误差的测量结果必须摒弃，进行重新测量。

四、测量误差的预防

测量时，由于客观原因和主观原因的存在，测量误差是不可能绝对消除的，而且大多数情况下，系统误差和偶然误差会同时存在。因此，在测量时应根据误差的来源和性质，采取相应的预防措施和方法。

（1）通常情况下，如果对测量结果的精密度要求不高，应主要考虑系统误差的消除。在测量前，应仔细检查测量仪器是否处于正常状态，操作人员须熟练掌握测量方法。

（2）如果对测量结果的精密度和准确度都有很高的要求，测量时就要考虑系统误差和偶然误差。

怎样管理班组工具

一、班组工具管理的任务

（1）按照生产需求，配齐班组生产工具。

（2）在确保生产活动正常进行的前提下，尽量降低工具的储备量和消耗量。

（3）对工具的使用进行监督，降低修理费用，延长工具使用寿命。

二、班组工具管理的内容

1. 建立各种制度

包括工具的领用制度、工具的使用制度、工具的维护保养制度等。

2. 合理使用工具

严格按照工艺要求在工具强度、性能正常的范围日期内使用工具，杜绝精具粗用，区别专用工具和通用工具的使用。

3. 妥善保管工具

按照规定将工具放在固定场所，摆放要整齐有序，周围环境要保持清洁。使用完毕后需要进行油封或粉封，以防止生锈变形，长期不用的工具应交班组长保管。

4. 做好工具的清点和校验工作

工具的使用具有频繁性、交叉性，所以每天应该查对工具箱一次，一周账、物核对一次，以保持工具账、物相符。

对于贵重的、精密的工具要给予非常特殊的重视，切实做好使用保管、定期清洁、校验精度和轻拿轻放等事项。要对量具进行周期检查鉴定，保持使用状态良好。

5. 做好工具的修复和报废工作

工具都有一定的使用寿命，磨损、消耗都是正常的。所以要经常对工具进行检查，对于磨损的工具能修复的尽量进行修复，如果不能进行修复，在定额范围内应该立即按手续报废并以旧换新，但注意要在工具定额范围内进行。

三、班组工具管理的实施

（1）计划并制定工具使用标准。

（2）建立工具使用档案。

1）根据工具在生产中的作用和技术特征，将工具进行分类。

2）按一定顺序对工具进行编号，编号方法有十进位法、字母法、综合法等。

3）对工具的使用情况建立账目，进行注册登记。

怎样进行工具配备

一、什么叫工具配备

工具配备就是指在生产活动中为生产的工件和产品配备工具的过程。其基本要求是：满足生产需要，减少工具占有量。

二、工具消耗定额的计算

工具消耗定额是指在一定的生产技术条件下，生产单位产品或者完成工作量所合理消费工具的标准。它的计算方法通常有技术计算法、经验统计法、概略法。

1. 技术计算法

根据工具的耐用时间和使用时间的长短，来确定消耗定额的方法。其计算公式如下：某种工具消耗定额=使用某种工具制造一定数量产品的时间÷某种工具的耐用时间。

优点：定额准确，是科学和先进的定额制定方法。

2. 经验统计法

根据以往工具消耗的经验通过各种资料进行统计分析来确定消耗定额的方法。

优点：积累实践时间长，方法简单易行。

3. 概略法

按每类设备对某种工具的需要量比率来确定消耗定额的方法。

优点：切合实际。

三、班组公用工具的配备

一般情况下，班组公用工具的配备是由班组长及班组工具室根据班组生产活动的需要，考虑人员数量、加工对象、工艺方法及设备状况等因素，严格按照工具配备定额确定应该配备工具的情况，包括品种、规格及数量。其基本要求是：

（1）必须是在满足生产需要的前提下进行。

（2）对于不经常使用的工具，一般不配备，如果临时需要使用可向工具室借用。

（3）对于经常使用的工具，要做适当的限量领用，严格按照工具消耗定额执行，防止不必要的浪费。

（4）配备给班组长的长借工具，由班组长保管，员工共同使用。

四、操作工人工具的配备

操作人员工具的配备是班组长工具配备的核心任务，是指单机操作者和独立工作所需要配备的工具量。其配备的基本要求：

（1）根据操作工人所操作机床的型号、精度及其加工工艺、加工以及操作工人的技术水平等因素，进行有区别的配备。

（2）对于经常使用的工具应予以配备，对于不经常使用的工具可以临时借用或者给多人配备一种共同使用。

（3）保证不超过工具消费定额。

五、工具配备的要点

（1）所有的工具配备必须是为了满足生产需求。

（2）所有工具的配备必须严格按照工具消费定额执行。

（3）应该根据实际情况，如工种、加工对象、加工工艺等不同进行有区别的配备。

（4）保证配备经常使用的工具，借用不经常使用的工具，常借工具由班组长负责保管。

怎样管理专用的工具

一、建立台账，专人管理

（1）对专用工具进行分类，建立好保管台账，详细记录各种情况，按照编号定位存放。

（2）专用工具由专人进行保管，全权负责一切事务，不得配置到各班组。

（3）工具管理员要时刻让专用工具整齐有序地摆放，保持周围环境清洁。

（4）工具管理员要定期对专用工具进行清点工作，每月至少1次，并随时接受车间主管的抽查。

（5）如果工具丢失或非正常损坏，由工具管理员查出责任人并要求其按原值赔偿损失。如果因为工具管理员失职造成工具的损坏、丢失，由工具管理员承担赔偿责任。

二、实行借用管理制度

（1）工厂配备的专用工具均应采用按工种借用的方法，按生产需要领用或借用专用工具。

（2）借用人员在借用专用工具时需要填写《专用工具借用表》，注明借用工具的人员、名称、数量、原因、时间、地点等。

（3）任何人不得将专用工具随意借出厂外使用，除非因为特殊原因得到服务经理的批准。

（4）借用有一定时间限制，不得超过一天。如果实在是出于生产需要，必须由部门领导批准才可以延长借用时间。

（5）如果当日没能及时归还，工具管理员在次日上班后及时追索，否则，要追究工具管理员的责任。

（6）借用工具时，借用人要与保管员当面确认工具是否完好，交还时保管员要严格检查，确保工具完好无损。

（7）工具借出后在工具处悬挂借用员工姓名，归还后将姓名牌摘除。

三、其他

（1）如果工具因为客观因素损坏而不能继续使用，工具保管员应及时上报采购经理，以便购买新的工具，以避免影响生产。

（2）套装工具丢失单件，根据采购的难易程度进行赔偿。

怎样管理班组通用工具

一、通用工具管理的原则

（1）在保证生产顺利进行的前提下，尽可能降低工具库存和消耗。

（2）使用工具应随时更新换代，充分发挥工具的使用效率并延长其寿命。

（3）应有利于采用新工艺、新技术、新材料。

二、通用工具管理的工作程序及控制要求

1. 采购

采购人员应依据进货规定，视用途的轻重缓急，对通用工具进行有计划、有步骤的采购。

采购时应认真检查工具的型号、规格、技术条件、质量证明（或合格证）、数量等是否符合要求，采购完成后应该按规定及时办理入库手续。

2. 验收

所有入库的通用工具，一律由专人进行检查验收，检查内容有：外观检查，即检查包装是否损坏；资料证明检查，即检查品种、规格、数量、合格证等，确认没有任何问题后才可入库。

3. 油封

通用工具外观检查合格后，交油封间启封，然后交计量部门进行复检，开出使用合格证后返回重封。如果确认合格就交保管人员入库，不合格产品交由相关人员办理退货手续。

4. 保管

工厂配备的工具均应采用按工种借用的方法，按生产需要领用或借用工具。工具必须保持清洁，摆放整齐，专库存放，专人管理。

5. 领用

通用工具的领用都要在配备定额、周转定额和消耗定额的范围内进行，领用通用工具时要填写《通用工具领报单》，要做好详细的领用记录，包括品种、数量、规格、附件等。

6. 发放

通用工具的发放以计划员审批过的通用工具领报单为依据，发放工具时应认真核对各种信息，防止差错。

7. 修理

对于可以修复的工具，由工具室保管员填写《委托单》然后送交有关部门进行修理，并做好记录。对于不能修复的工具，经技监室核准后方可报废。

8. 报废

由使用单位工具室持工具台账并填写通用工具领报单经相关部门审核后便可报废，如有库存，可以进行换领。

9. 事故处理

如果通用工具发生遗失或损坏，由车间主管负责查明原因，如果是由于主观因素，则明确责任，给予相应处罚。

怎样进行工具保养

一、什么叫工具保养

工具保养是指班组长指定班组成员或保养专员对工具进行定期的检验、

擦拭、校正、清洗、摆放等工作。

二、如何防锈

工具锈蚀会对工具的性能造成很大影响，所以必须做好防锈工作，避免或阻止能引起腐蚀的介质与工具接触，以及消除锈蚀。

在具备一定条件时，可以这样防锈：

1. 加入合金法

工具出产之前，在冶炼过程中加入一些合金元素，以改变内部的组织结构，增强抗蚀性能。

2. 浸泡法

将工具浸泡在加入防锈油脂的矿物油中，让其表面黏附上一层防锈油脂，从而达到防锈的作用，可以根据防锈油脂的温度或黏度来控制油膜的厚度从而达到要求。

3. 刷涂法

用于不适用浸泡或喷涂的工具，刷涂时要掌握方法，不能产生堆积，也不能漏涂。

4. 喷雾法

比较大型的工具不能用浸泡来除锈，而一般用大约 0.7MPa 压力的过滤压缩空气在空气清洁地方进行喷涂。喷雾法适用于溶剂稀释型防锈油或薄层防锈油，但必须注意防火和劳动安全。

5. 包装法

将工具密封包装在合适的包装袋或包装瓶里，与外界隔离。

三、如何除锈

工具的除锈方法通常有手工除锈、化学除锈、机械除锈。

1. 手工除锈与机械除锈

这两种除锈方法均系通过微量的切削方式消除已经产生的锈，对制品本身的精度和光洁度有较大影响。

（1）手工除锈的特点：速度慢、效率低。

（2）机械除锈的特点：速度快、效果好、成本低、可控性高。

（3）适用范围：用来消除精密程度要求不高的工具表面的浮锈。

2. 化学除锈

化学除锈是指用化学药品将金属表面的锈溶解掉。

（1）工艺过程。除油、热水洗、冷水洗、除锈、中和、流动水冲洗、纯化、干燥、油封等。

（2）常用除锈液。铬研磷酸水、磷酸水和铬研硫酸水等。

（3）常用纯化液。三乙醇胺亚硝酸钠水、重铬碳酸钠水。

（4）特点。除锈效果好，但是化学污染大。

四、如何保养量具

（1）操作者必须熟悉计量器具的正确使用方法和维护保养知识，确保量具的正确、合理使用。

（2）计量标准器需要由专人负责进行使用和保养，严禁做一般用途使用。

（3）按规定对计量器具合理摆放，严禁磕碰、跌落或受其他冲击。

（4）不得擅自拆装计量器具，使用前后都要做好清洁工作。

（5）常用计量器具及附件每月保养 1 次，使用较少的计量器具每半年保养 1 次，近期不用的计量检测仪器应予以封存，但每年必须检查、保养 1 次。

（6）保持量具放置环境的清洁。

五、如何保养电动工具

（1）确保工作场地整洁并且有充足的光照。

（2）远离危险环境，如有可燃液体、气体或粉尘的环境。

（3）远离他人使用电动工具，保持注意力集中。

（4）防止电动工具过载，用配套的电源电池。

（5）经常检查是否有错误、破损，然后采取措施解决。

（6）在不通电的情况下，定期对电动工具进行合理清洁。

六、如何保养气动工具

（1）正确对待供气系统，进气必须含有充分润滑剂但不能有水分。

（2）不可任意对工具进行拆卸。

（3）发现故障立即检查。

（4）对工具要进行定期检查，至少每周一次，通过添加黄油在轴承转动部位，添加机油在气动马达部位等措施来进行保养。

（5）工具的使用要适当，不能超负荷。

第四章　物料质量管理：合理存放和使用原材料

第一节　合理存放物料的管理

物料质量关乎生命安全

对原材料管理，也是质量管理工作的一大重点。企业在生产加工某一产品时，可能会用到多种原材料，如果原材料使用不当，就极有可能发生质量问题。1960 年 2 月，发生在山西平陆县的一起真实的事件，就很能说明问题。

1960 年 2 月的一天，在山西省平陆县的一处建筑工地上，61 名建筑工人突然集体食物中毒，发现人及时报告了上级领导。61 位中毒者被送往医院后，医院称治愈该毒的主要药物数量缺乏，不能同时救治这么多人。由于情况危急，医院负责人联系到上级政府进行求助，消息很快传到了中央。为了能够在最短的时间里送去药物，中央发动了各方面力量，争分夺秒才以最快的速度将药物送达。

事后，谁都没有想到，导致这样一起牵动千万人神经的事件，其原因竟是一把过了期的面粉。当天负责伙食的小炊事员蒸馒头时，发现面粉不够了，就从另一袋过期面粉的袋子里抓了一把。由于当时社会环境较差，条件艰苦，鼠害严重，那袋过期的面粉是师傅为吸引老鼠故意放在那里的，里面放了一袋灭鼠药，而小炊事员事先并不知道，就导致了中毒事件。

可喜的是，通过各个方面的努力，几十名工人的生命得到了挽救，但是这件事却让我们铭记于心，给我们上了一堂"物料质量关乎生命财产安全"的课。

就是在新时代也不乏这样的例子，妇孺皆知的"三鹿毒奶粉事件"就是个典型的例子。"三鹿"为了降低成本，弃质量于不顾，在原材料中加入三聚氰胺，对婴儿的生命造成了威胁。

以上案例说明，原材料使用和保管不当，将会造成严重的后果。因此，企业应妥善保管生产产品需要用到的原材料，防止在使用时，不慎混入其他原材料。因为如果材料使用不当，可能会危及我们的生命安全。

怎样对原材料进行有效的管理

一、物料与场所之间的管理

物料与生产工具要充分发挥作用，就要实现使用价值高效的完全转移和发挥，如果物料的使用价值转移较慢，生产工具的作用迟迟难以发挥，就会增加生产的"时间成本"，从而对产品价值造成一定影响。做好物与场所的管理是一个有效的解决办法。其管理要点有以下几个方面。

（1）要不断改善生产现场的物料和生产工具的布置和摆放条件，要求对不同的物料和工具要有不同的但是固定的放置地点和区域。

（2）对于经常要用的物料和生产工具要尽量做到"过目可见，触手可及"。

（3）对于不经常用的物料和生产工具也要有固定的放置位置，要让员工明确到何处寻找。

二、对人与物的管理

人员、物料、设备、方法、环境是现场管理的五大要素，其中最主要的是人员的管理。要想将物料管理好，就必须充分发挥人的能动性，将人与物的关系协调到最佳状态。其管理要点有：

（1）及时处理生产过程中产生的废料和垃圾，避免操作人员误用从而降低使用效果。每一次作业完工后，都要清理现场，把上次生产剩余的物料放置到固定的位置并且对现场进行清扫、整理，以创造一个最佳的生产环境。

（2）对于生产设备，要定期做好维护、保养和点检工作，及时发现设备异常和隐患，并采取有效措施加以排除，避免因设备突发故障而影响生产或造成产品质量下降。

原材料的 ABC 分类管理

一、什么叫 ABC 分类管理

ABC 分类管理是指根据事物在技术或经济方面的主要特征，进行分类排队，分清重点和一般，从而有区别地进行管理的一种方法。由于它把被分析的对象分成 A、B、C 三类，所以又称 ABC 分析法。

简单地说 ABC 分类管理就是将库存物品按品种和占用资金的多少分为特别重要的库存（A 类）；一般的库存（B 类）；不重要的库存（C 类）三个等级，然后针对不同等级分别进行管理和控制的方法。

二、如何进行 ABC 分类

一般情况下，被处理的物料有两种类别：一是可以量化的；二是不能够量化的。不能量化的物料，只有凭经验和技术来进行判断，而能够量化的物料，可以经过科学的分类和分析来进行管理，具体步骤如下。

（1）计算各种物料所花费的金额。

（2）按照物料花费金额的多少进行排序并列成表格。

（3）计算各种物料花费的金额占库存总金额的比率。

（4）计算累计比率。

（5）进行分类。标准是：累计比率在 0~60% 的，为最重要的 A 类材料；累计比率在 60%~85% 的，为次重要的 B 类材料；累计比率在 85%~100% 的，为不重要的 C 类材料。

（6）其他因素。还可以结合仓库管理的目标和仓库本身的情况进行分析，将物料根据销售难易程度、缺货产生的后果等因素进行 ABC 分类，或者综合集中因素进行分类。

三、怎样进行分类管理

对物料进行 ABC 分类后，就要进行有效的管理。其标准是要符合企业的经营策略，其目的是减轻库存管理的压力，能够更好地控制生产。

1. 管理 A 类物料

A 类物料是最重要的物料，数量少但意义重大，能够管好它们，物料管理也就成功了一半。可以采取以下措施：

（1）进货要勤快。最好的方法就是要用的时候才买，买了就马上用，不要库存太多物料，这样可以提高资金周转率。

（2）发料要勤快。在充分满足生产需要和方便的情况下，适当控制发料，减少发料批量，这样可以减少二级库的库存量，也可以避免以领代耗的情况出现。

（3）与客户联系要勤快。只有勤快地联系客户，才能很好地掌握客户的需求动态，然后企业才能对自己的物料需求量进行分析，弄清楚哪些是日常需要，哪些是集中消耗。

（4）安全系统要适当。恰当地选择安全系统，可以尽可能减少安全库存量。

（5）与物料供应商保持密切联系。这有利于充分了解合同执行情况、运输可能等，协商各种紧急供货的互惠方法，包括经济上补贴的办法。

2. 管理 B 类物料

B 类物料属于一般物料，因此管理方法也是一般的管理方法，可采用通常的方法管理（或称常规方法管理），也就是企业平常怎样管理物料的，就怎样管理，无须特别的要求。

3. 管理 C 类物料

C 类物料是最不重要的物料，刚好与 A 类物料相反，虽然品种类别众多，但是所占的价值却很小。面对这么多的品种和数量，如果像 A 类物料那样管理，那必定是费时、费力、费钱。采取下面的方法比较合理。

（1）多储备。增加订货批量，多储备在仓库，由于价值非常小，所以不会增加很多金额。

（2）年终盘点。把管理力量多投入在 A 类物料，C 类物料只要有一定的安全系统保护就可放置在固定位置，不用经常去盘点数量和种类，一年一次即可。

4. 其他物料管理

那些很多年不会用到的物料，已不属于 C 类，而应视作积压物料。对于这样的物料，选择重要的进行保留，其余的应该进行清仓处理，避免造成库存积压。

原材料分类管理应注意哪些问题

在进行物料管理时，还应该注意单价、关键因素、采购等方面的影响。

一、单价

如果两个品种物料的年消耗金额相同，即单份和年需求量的乘积相同，可以分为两种情况：第一种，单价低、数量多；第二种，单价高，数量少。两者的管理方式也会有所区别。

一般情况下，要重点管理单价高的物料，因为单价高，库存数量略增一点，占用金额便急剧上升，如果没有管理好，那么很可能造成很大的损失。所以，对于单价高的物料，在管理上有以下的要求。

（1）每天进行盘点检查，随时掌握物料的库存和需求情况。

（2）积极与客户沟通，详细了解使用方向、需用日期与数量，准时组织进货，控制库存量，力求少积压。

（3）要与用户研究替代的方法和可能，尽量减少高单价的商品库存。

（4）对物料进行单价排序，根据重要程度进行管理和控制。

（5）对物料进行细分，分为：

A 类物料：单价高的；单价低的。

B 类物料：单价高的；单价低的。

C 类物料：单价高的；单价低的。

二、关键因素

在物料管理中，仅仅考虑金额是远远不够的。如果物料不是生产的某个

二、对预备材料用料差异的分析

物料管理单位以每月或每三个月为一期，于次月 10 日前就最近一个月或三个月累计实际用量与累计预算用量进行比较，其差异率在管理基准（各企业自定）以上者按科别填制"材料使用量差异分析月报表"，送生产管理单位分析原因，并提出改善对策。

三、对非常备材料用料差异的分析

生产的用料，由生产管理单位于每批产品制造完成后，分析用料异常。

如何处理不良物料

一、不良物料的区分

发生物料不良时，应根据物料的不良程度进行区分，并划分缺点等级。具体区分方法如表 4-1 所示。

表 4-1　不良物料的分类等级

缺点等级	严重程度	判定标准
一级缺点	轻缺点	几乎不会对产品的实用性或有效性使用、操作等带来影响的缺点
二级缺点	重缺点	①在使用初期尽管没有多大障碍，但能导致缩短产品寿命的缺点 ②由于性能不合格会降低产品的实用性，导致难以完成初期目标的缺点 ③在使用时需改造和交换部件等导致多余麻烦的缺点
三级缺点	严重缺点	①使产品机能完全丧失无法使用的缺点 ②有可能导致人身不安全状况的缺点

二、对不良产品进行处理

1. 不良产品相关信息的收集和保存

无论不良产品是个别产生还是批量产生，都要尽量保存样品，这样便于直接调查情况，对不良产品进行判定。

2. 对不良产品区分存放

根据对不同不良产品的不良严重程度的区分，做好标志，存放在不同的位置。

3. 对不良产品的处理

不合格产品的处理方法一般有特采、挑选、返工修理、退货四种。

（1）特采：虽然不合格但是可以让步接收。进行特采时，要先填写"特采申请书"，其样式如表4-2所示。

表4-2　特采申请书

申请单位		物料名称		供应商名称	
使用机型		原材料编号		数量	
异常内容					
特采理由					
检讨结果	制造				
	品管				
总经理：		质量管理部经理：		生产部经理：	

（2）挑选：把其中合格品或可让步接收的分离出来。

（3）返工修理：重新制造或经过修理达到预期的使用目的。

（4）退货：将严重不符合本企业质量要求的不良产品返回上一道工序或退给供应商。

4.对不良产品进行再次确认

除了特别采用的零件外，其他经过修理、返工、挑选等处理后的可以使用的产品，都必须经过再次检验，确认达到标准、符合要求后才能入库或者投入使用。

5.对不良产品问题的纠正和处理

为了防止再次生产不良产品，要对问题进行分析，然后向主要责任部门递交"不合格产品纠正表"，并确认改善措施。对策应注意以下四个方面。

（1）是否有效。

（2）是否得到了切实实施。

（3）是否可行。

（4）是否与质量问题的严重程度相匹配。

第二节　合理使用物料的管理

如何进行进料、领料、发料与退料作业

一、进料作业

1. 定义

进料作业指的是货物进入仓库储存时进行的卸货、搬运、清点数量、检查质量、装箱、整理、堆码、办理入库手续等一系列操作。

2. 基本要求

(1) 查看货主的正式入库凭证。

(2) 清点物料数量。

(3) 检查物料和包装的质量。

(4) 检验物料的标志。

(5) 按照程序入库。

二、领料作业

1. 对生产所需的领料

(1) 填写"领料单"，注明单号、日期、申请单位、生产任务单号、料号、品名规格、单位、申请数量、申请理由说明，送至供应经理处审批。

(2) 通过审批后，仓管根据领料单备料、发料，发放物料与单据需要经过仓库主管审核确认，补料中有不良产品的应该做好标记，存放不良区；审批没有通过的，不能进行领料。

2. 对非生产所需的领料

(1) 向仓库确认库存量，按实际需求填写领料单，注明申请单位、申请用途、料号、品名规格、申请量等事项，经过审批后可领料。

(2) 仓管根据领料单进行备料与发料，发放物料与单据需要经过仓库主

管审核确认。

3. 领料的一般程序

总的来说，领料的基本程序就是编制、审核、批准、领取。

（1）使用部门领用材料时，由领用经办人员开立"领料单"，经主管核签后，向仓库办理领料。

（2）领用工具类材料（明细由企业自行制定）时，领用保管人应拿"工具保管记录卡"到仓库办理领用保管手续。

（3）在材料进厂检验中，因急用而需领料时，其"领料单"应经主管核签，并于单据注明，方可领用。

三、发料作业

1. 按发料单发料

总体来说，由生产管理部门开立的发料单经主管核签后，转送仓库依工作指令及发料日期备料，并送至现场点交签收。

2. 发料的具体步骤

（1）仓储部门按照领料单进行备料，物料的搬移必须遵守搬运的规则。备料后必须制定"发料单"，经主管签核后送交生产部门并通知领料。

（2）物料的发放必须坚持先来后到的原则，以保持物料的适用性。

（3）备料进行时，需将已备妥的物料放置于固定的区域（如备料区），不得随便放置；不同批次的料件要置放于不同的地方；每一批物料需标示出名称、规格、制令领料单号、批量，防止搬运错误或者其他的错误。

（4）生产部门在接收到仓储部门所制发的发料单后，按照发料单去仓库领料。领料的时候，需要仓储备料人员在旁协助并监督。

（5）仓储人员在发料的同时，在物料控制卡上注明所剩余的料件后需盘查账料是否相符，如有差异应该立即检查问题所在，并将错误修正，还要预防下次不得再发生类似错误。

（6）生产部门人员按照发料单盘点物料无误后，在发料单上签名及注明日期后将物料领回。

（7）发料单一般有一式四联或一式三联两种，发料后，由仓储部门分送如下：

第一联：送交财务部门入账后按照编号存档。

第二联：仓储部门登录物料账后连同"制令领料单"按照编号顺序存档备查。

第三联：连同物料交由生产部门。

第四联：由生产管理部门存档备查。

四、退料作业

（1）使用单位对于领用的材料，因工程改变、质量异常、料件剩余等原因需要退还物料时，应填写"退料单"，内容需注明日期、退料部门、制造工作单号（制令领料单号）、机种名称、规格、退料原因说明、料号、部门、需退量等，经部门主管签核后知会品管部门检验。

（2）品管部门按照"品质规范"的规定对退料单进行检验，并注明检验结果。如果检验为合格品，则通知生产部门办理入库事宜。如果检验为不良产品，退回生产部门，另填"不良产品赴理单"按照"不良产品处理作业"办理退料。

（3）仓储部门接收已经品管检验的退料品及退料单，核对无误后，在退料单上填写实退量，并将物料存放于适当的储位，退料单一式三联，分送如下：

第一联：送财务部门据以入账后按照编号存档。

第二联：仓储部门据以登录材料账或办理补料。

第三联：送生产部门存档备查或据以办理领料。

怎样对物料进行识别

一、什么叫作物料识别

物料识别是对物料的编码、名称、类型、生产日期、有效期限、作用、检查状态、生产状态、库存状态的辨别与分析。主要包括身份识别和状态识别。

二、物料识别的作用

（1）能够对物料进行有效的管理，避免因物料混淆而造成生产异常。

（2）有利于按照要求保护物料。

三、物料识别的类型

1. 半成品与成品的识别

可以通过包装卡、摆放位置等方面进行识别，成品一般有相关标志。一般情况下，半成品要分区或分库摆放，这是为了防止半成品混乱流落到客户手里，而成品是全包装后放置在仓库里。

2. 检查状态的识别

检查一般有三种状态：已检查、待检查和检查判定中。一般可以通过区域、帽、卡等方式区分，防止误用。

3. 不良产品的识别

首先，要明确作业者发现的不良产品的放置方法和所做标记，如放不良场所、做记号或标签等。其次，要明确不良产品的处理方法，如挑选、返工、报废、让步接收等。

4. 半成品、残留零部件的识别

对在现场的半成品和滞留的零部件，要明确规定表示方法和放置方法，保证能够明显地区分开来，防止误用错用。

5. 明确设变品、特采品的识别

设变品是指设计发生变更的产品；特采品指稍微有瑕疵但是仍然可以售出的产品。设计变更和让步接收的物料由于其发生异常的概率远远大于正常的物料，所以要进行显著的识别，引起所有现场人员的特别关注。如贴设变初批量表示卡、旧零部件表示卡，在现品票上贴有"特"印和以批量为单位的特采表示。

物料遵循先来先用原则

一、什么是先来先用

先来先用就是指先进的材料先用，后来的材料后用。严格要求原材料是保证产品质量的第一步，也是提高产品质量的重要因素之一。因此，进行生产时，要遵守先来先用原则，保证原材料状态良好、数量准确。

二、遵守先来先用原则的原因

（1）任何材料都有其相应的保质期，一旦超过保质期限，原材料或者会变质，或者其本身附有的功能会大大降低，进而影响到产品的质量。因此，领回来的原材料，一经验收合格就应及时投入使用，保证原材料不影响到产品的最终质量。采购回来的原材料在仓库或生产车间放置得越久，也就意味着能够向客户或消费者提供的产品品质越低。

（2）除了考虑到可能在保质期出现问题，影响产品质量外，在使用原材料进行生产的过程中也可能会出现问题，随时引发不良情况，这时，对不合格产品进行追踪或向原材料供应商讨回"公道"，则主要是以原材料的采购时间、使用时间为线索进行。因此，如果企业在生产时遵守了原材料先来先用的原则，就能在生产过程中出现问题时获得重要的线索，可以调查产品原先生产的数量，得知原先使用的原材料。

（3）遵循先来先用的原则还可以提高产品的质量。很多时候对新旧不同的原材料处理的方式也不同，如果供应商或上一工序今天出新材料，明天又出旧的材料，就会对产品的质量造成一定的影响。

如何进行物料的设计变更

一、什么叫物料的设计变更

设计变更指由于设计、生产、质量、使用等因素，须对产品的规格、型号、物料、颜色、功能等进行变更。

二、处理程序

1. 制作设计变更指示书

根据客户和产品的要求，制作设计变更指示书，并将其交给相关部门去执行，此工作由设计部负责。

2. 做好记录

班组长接收到设计变更指示书后，需将它的管理号、接收日期、名称主题事项等明确记录到"文书管理台账记录表"中。

3. 修订指导书

班组长对零件检查规格书和成品检查规格书、工序内检查指导书、作业指导书进行修订，在必要时修订调整工艺流程。

4. 实施设计变更

（1）收到设计更改资料后，班组长对设计更改内容进行全面确认，并做好标记，通知相关人员。

（2）装配时，班组长和作业人员一起对设计变更后的组装性能进行确认，并做好详细记录。

（3）设计变更实施过程中，如果发现了异常，班组长应马上通知设计部门，让他们分析原因，并共同商议、确定对策。对于实施日期、批量有要求的应该严格按照要求的实施日开始进行设计变更。

5. 处置旧零件

（1）对于可使用的旧零件，要确定它们总的在库数量，调整生产计划，确保旧零件优先使用。

（2）对于追加工后可以使用的旧零件，一定要重新检验合格后才做入库处理，追加工记录和再检记录要予以保存。

（3）对于不可使用的旧零件，要对其做好隔离和明确标示，按公司规定的程序实施报废。

三、类别及方法

1. 对常备材料的预算

由生产管理单位依生产及保养计划定期编制"材料预算及存量基准明细表"，拟订用料预算。

2. 对预备材料的预算

由生产管理单位依生产及保养计划的材料耗用基准，按科别（产品表）定期编制"材料预算及存量基准明细表"，拟订用料预算；其杂务用品直接依过去实际领用数量，并考虑库存情况，拟订次月用料预算。

3. 对非常备材料的预算

订货生产的用料，由生产管理单位依生产用料基准，逐批拟订产品用料预算，其他材料直接由使用单位定期拟订用料预算。

如何进行对物料的目视管理

一、物料目视管理的基本形式

在日常工作中，班组长需要对产成品、在制品、消耗品等各种物料进行目视管理。用目视管理的方法可以有效地对物料进行管理，这些物料有以下四种基本管理形式。

（1）存放于某个区域。

（2）放于储物室、货架中。

（3）较近的架子、抽屉内。

（4）伸手可及之处。

此时，"在哪里、有多少、什么物料"及"必要的时候、必要的物料无论何时都能快速地取出、放入"成为物料管理的目标。

二、物料目视管理的要点及方法

（1）采用有颜色的区域线及标志加以区分。给材料、零件仓库的货架上设定简单易懂的编号（货架号），以此决定物料的放置场所，做到容易判断。

（2）可以用分类标识及用颜色区分的方法明确物料的名称及用途。

（3）标示出最大在库线、安全在库线、下单线，知道最大下单数量；决定合理的数量，尽量只保管必要的最小数量，且要防止断货。

（4）物料的放置方法要保证顺利地进行先进先出。

（5）标明物料的编号、品名、数量、下一道工序、存放位置编号等内容的传票，称为物料传票。使用物料传票就能在看了物料传票后，立即判断出该物料是什么，应该搬运到什么地方。

原材料质量管理制度

一、原材料质量管理制度的目的

原材料质量管理制度的目的，是为了规范原材料使用前的处理程序，保证生产产品使用的原材料能够保证产品质量合格。

二、各个部门的职责

（1）采购部负责将采购的原材料签收，送往仓储部门。

（2）仓储部门要将原材料的各项数据交由上级审核，并通知质量管理部进行检验。此外，仓储部门还要负责将合格的原材料送往生产部投入生产。

（3）质量管理部负责对原材料进行检验，并填写质量检验的相关表单，送往上级领导审核。

三、生产前的原材料质量条件审查

（1）质量管理部主管要根据生产部门上报的检验数量和具体要求组织质量检验小组。检验小组的成员由质量管理部的各个成员组成，并选出质量检验小组的组长。

（2）质量检验小组的组长要拟定检验的各项规定，并安排好检验时间，交由质量管理部主管进行审批。

（3）质量检验小组要根据质量管理部主管的审批结果，按照检验细则和相关规定对原材料进行检验。检验时应注意以下几点：

1）订制规格类别是否符合公司的制造规范。

2）包装方式是否符合公司的包装规范，客户要求的特殊包装方式是否可以接受，外销订单的运货标志及侧面标志是否明确表示。

3）质量要求是否明确，是否符合本公司的质量规范，如有特殊质量要求是否可接受，是否需要先确认再确定产量。

4）是否使用特殊的原材料。

（4）质量检验小组要根据检验结果填写相关的检验单据，并交给质量管理部主管审核。

（5）质量管理部主管要将检验结果上报给上级领导进行审批，并及时将审批结果下发到生产部门。

（6）生产部门开始生产。

第五章 质量管理方法：实现作业过程质量的控制

第一节 产品试制和样品质量的管理

什么是产品试制

一、产品试制的概念

产品试制是指为了验证新产品的设计和工艺是否符合预期的质量和效果，在正式投产之前的试生产。通过产品试制，企业还能了解到更多的信息，如该批产品的质量是否能够控制；生产产品的机器设备是否满足生产需求；甚至可以判断企业员工是否需要加强培训和教育等。

二、产品试制的原因

企业在设计完新产品之后，如果不经过试制，就可能因产品设计不完善，在生产过程中或投放市场后，出现各种质量问题甚至造成不可逆转的后果，那么开发的新产品最终就会以失败而告终。因此，产品试制是正式投产的"探路灯"，只有"试"过之后，才能知道问题出在哪里，有哪些不足之处亟待解决。如果在新产品设计完成后，组织人员按设计图样进行新产品试制，再对新产品的特性和功能进行试验，就能了解产品的缺陷，并进行改善，使产品质量得到提高，达到企业开发新产品的目的。综上所述，新产品试制和试验是新产品开发过程中一个必不可少的非常重要的阶段。

三、产品试制的分类

产品试制可以是样品试制或小批量试制。

1. 样品试制

样品试制是根据设计图纸、工艺文件，利用少数关键的工艺装备，由试制车间试制出一两件样品，通过检验找出缺陷，对设计图纸做必要的修改，使产品基本定型。

样品试制的主要目的是考核产品的设计质量、产品结构与性能及其主要工艺。

2. 小批量试制

小批量试制是指通过鉴定和校正修改后，根据大量生产或成批生产的要求，编制全部工艺规程，设计制造全部工艺装备，然后生产一小批产品。

小批量试制的目的是检验产品设计的工艺性、验证全部工艺文件和工艺装备，并考察它们是否能保证产品质量并达到预期的生产率为目的，为大批量生产创造条件。

小批量试制前的准备工作有：

（1）对产品试制需要用到的工装设备要认真验证，确保工装质量和数量符合投产要求，如果不符合要求就不予通过。

（2）设计工序质量控制规范，编制质量控制文件。

（3）对参加小批量试制的员工进行培训，确保参与小批量试制的员工掌握新产品的技术要求和控制重点。

产品试制需要注意的事项

产品试制主要涉及开发部门和生产部门，当产品进入试制阶段，生产员工就是试制工作的重心，此时可以把产品的试制作为一个单独的项目来管理，但应注意以下事项：

一、制定正确的试制目标

产品试制的目标除了要达到大批量生产的要求外，还要达到产品结构的工艺性、标准化水平、消耗及成本、试制周期、生产效率等各个制造方面对设计工作的要求，为制造过程的质量管理奠定良好的基础。此外，更重要的是要满足用户的要求。因此，必须对大量情报进行系统分析识别，并确认用户对新产品明确的或潜在的要求，准确界定新产品质量特性，尽可能降低未来市场风险。

二、技术准备要充分

产品试制包括开发新产品和改进老产品，也就是在产品正式投入批量生产之前，必须进行全面的、具体的调查研究和全部的生产技术准备过程，如市场调查、试验研究、制定方案、产品设计、工艺设计、工装设计与制造、试制与鉴定等。

三、充分考虑试制过程中的各种问题

由于产品质量不仅体现为产品的性能指标，还决定了产品的可靠性、经济性以及产品使用时会不会给社会带来有害影响等一系列问题，所以，在产品试制阶段就应该充分考虑试制过程中可能出现的各种问题，如怎样对产品质量进行优化设计、如何延长产品的使用寿命和怎样实现产品的无故障性等。

四、各部门之间要相互配合

产品试制的主要工作虽然落在了生产部门，但是企业应从大局出发，考虑整体效益，防止在试制过程中出现质量问题。要在试制前，制定完整的标准工程程序和管理制度，要求生产部门必须注意与经营部门、销售服务部门以及其他有关部门之间的协调与配合。

五、做好质量管理

产品经过试制，才能正式投入生产，也就是说，产品试制过程是产品质量形成过程的起始环节。因此，产品试制过程的质量管理也是整个制造过程的质量管理的起点，或者说是使各环节质量管理有效的前提。

如果产品在试制过程中没有得到良好的质量管理，那么产品的功能、性能、结构等也就会随之变差，就难以保证以后生产中的产品质量。不仅如此，还会影响投产后的生产秩序和经济效益。

六、进行有效的协调与沟通

虽然产品的试制由开发部门转移并过渡到了生产部门，而且工作的部分重心也由生产部门接管了，但开发部门也要负部分责任。因此，产品的试制是涉及两个部门的工作过程。此时应当成立一个由两个部门人员组成的项目组，在试制过程中进行大量的协调与沟通工作，以减少推诿现象。

七、不断总结经验

各个部门尤其是研发部门要做好产品试制的总结工作，懂得失败乃成功之母的道理，坚持不懈地研究和试验；而生产部门的作业人员应努力配合好研发部门的各项工作，在试制中积极配合、认真执行、严格管理；其他相关部门也要积极配合，提出一些意见或建议。

参与试生产工作的学习

在试生产过程中，班组长要注意对员工的指导，以加强员工适应新生产任务的能力，锻炼好自己的生产操作技术，增强质量意识。那么，班组长应如何在试生产过程中对员工进行指导呢？

一、编制培训资料

班组长可以根据新产品工艺、新产品操作规程、新产品质量要求细则等相关文件，结合本班组在新产品生产中的任务，编制专门的培训资料，对本班组成员进行培训。培训中，班组长要鼓励班组成员积极发表自己的意见；提出对生产任务的具体看法与观点；提出可能会产生质量问题的操作步骤或影响质量问题的因素。

二、利用班前会进行指导

班组长还可以利用班前会对班组成员进行指导。在班前会上首先要明确这一天本班组的生产任务，班组长可以让班组成员复述任务中对产品质量的要求，以掌握班组成员对生产任务的了解程度；班组长还要对班组成员不明白的操作进行讲解，对新产品生产过程中可能会遇到的质量问题要详细说明，并耐心阐述防止这些质量问题发生的方法。

三、积极鼓励班组成员相互学习

班组长还可以在日常工作或生活中下功夫，积极鼓励员工与员工之间相互学习，交流学习成果；在生产技术方面有疑问的员工可以向对新技术掌握较好的员工请教；班组长可以利用闲暇时间召开简短的交流小会，供班组成员切磋，形成一种良好的工作和学习氛围。

四、现场指导

试生产时，可能会由于操作不熟练等原因使产品质量问题百出。这时，班组长就要进行现场指导，提醒班组成员严格按照作业标准进行操作。当发现质量问题时，班组长要立即要求作业人员停止工作。

产品试制不同阶段的工作内容

越是远大的目标，越是遥不可及。如果把目标分为几段，将困难淡化，就会坚定信心，成功抵达目标。同样，在产品试制过程中，我们可以将产品试制分为三个不同的阶段，密切跟踪每个阶段的实施过程，这样达成试制的最终目标就比较容易了。

实际上，产品试制就如同质量管理一样，是一项系统工程。在试制的过程中，也会涉及企业的各个部门，如技术研发部、生产部、仓库管理部、质量管理部等。只有在产品试制的过程中，密切跟踪各个阶段，以提升质量为目标，从细小之处做起，才能达到试制的效果，质量也才会稳步上升。

一、产品试制的前期阶段

（1）首次试制应以样品试制为主，而且数量应该控制在 1~3 个；成功后可进行小批量试制。

（2）如果要对产品试制的操作设备进行调整，就必须获得相关部门的指导。

（3）明确产品的目的、方法、对象、数量、时间和地点。

（4）提前对试制对象进行标识，防止产品试制时出现合格品与试制品的混淆。

（5）为便于解决产品生产要素中存在的问题，每次试制时所改变的对象应以一个要素为宜。

二、产品试制的工作阶段

（1）如果产品试制的难度较大或时间较长，一个班次无法全部完成，管理人员在交接班时必须将所有相关情况交代清楚。

（2）如果在产品试制的过程中发现无法排除的不良因素，管理人员应立刻停止试制，并将不良情况反馈给质检部门以做处理。

（3）如果在产品试制时需要多种产品同时试制，则必须对每个试制对象进行标识。

（4）如果一次试制不成功，应将试制失败的产品交到质检部门进行分析、研究，为下次试制做基础，其他人员不可擅自处理，以免影响试制。

（5）制作工艺卡片，争取从第一个产品试制开始，让所有的工作人员都严格按照新要求进行生产。

三、产品试制的后期阶段

（1）产品试制完成后，各个部门要总结并积累产品试制过程中的经验，以免在以后的试制工作中再次出现类似的问题。

（2）随时跟踪试制的状况，并将试制的成功产品送交质检部门进行检验。

第二节　作业现场制程质量控制

建立现场工序管理点

一、什么是工序管理点

从广义上讲，工序管理点就是在开展质量管理中，针对问题点所要进行的管理对象和工作。管理点所管理的对象或特性的表示应尽可能地采用数据的方式。从生产现场的角度来讲，工序管理点就是针对工序的问题点，把关键工序和存在问题的工序的某些质量特性管理起来。一个工序管理点，可以是产品或零件的一个关键质量特性，如精度、材料中的某种元素的含量、光洁度、性能；也可以是一项工序要素，如铸造造型砂粗的透气性、熔化的铁水温度、强度和水分，化工产品生产反应装置的时间、温度和压力等。

二、怎样建立工序管理点

在生产现场建立工序管理点的时候，可以按照以下步骤进行建立：

（1）把握关键工序的关键质量特性，同时还要将质量特性（也就是结果）转变成关键工序要素（"原因"）。也就是说，针对一个零件或一种产品，应用质量分析找出关键工序的关键质量特性。

（2）利用特性要因图等分析方法进行工序分析，从中找出影响关键质量特性的支配性工序要素，并分解这些要素，直到便于管理为止。

（3）针对这些要素，建立标准，分配给各个人员，落实责任者，进行重点特殊管理，保证这种零件或产品的质量。

把一种产品（零件和装配）的全部关键质量特性和支配性工序要素都建成工序管理点管理起来，并且管理得很好，则这种产品的质量也就有了保证。同样，对于一种零件而言，要保证其在生产过程中的质量，就可以把它从投料开始到加工完成的全过程的关键质量特性及支配性工序要素，都建成管理点进行管理。建立工序管理点，就可以使生产现场处于受控状态。这样一来，可以预防出现不合格产品的现象，还可以在管理过程中收集大量的信息和数据，为提高产品质量提供依据。

三、在什么情况下需要建立工序管理点

企业应根据产品复杂程度和工序质量稳定情况来确定在生产现场应建立多少工序管理点。产品越复杂、工序质量越不稳定，这时，就应该多建立一些，反之，则可适当少建立一些。但是对于关键工序质量的控制，不管是否稳定，都要建立工序管理点，不能轻易取消。通常情况下，当生产现场出现以下情况时，应建立工序管理点：

（1）工序本身有特殊要求，或对下道工序有影响的品质特性，以及影响这些特性的支配性工序要素。

（2）工序质量不稳定，出现不合格产品多的质量特性或其支配性要素。

（3）产品的性能、安全性、可靠性、精度、寿命，以及对它们有直接影响的零部件的关键质量特性和影响这些特性的支配性工序要素。

（4）用户反馈来的，或抽检（审核）不合格的质量项目。

四、工序管理点对操作者的要求

（1）学习并掌握生产现场质量管理的基本知识，了解现场与工序所用的数据记录表和控制图或其他控制手段的用法及作用，懂得计算数据和打点。

（2）填好数据记录表、控制图和操作记录，按规定时间抽样检验、记录数据并计算打点，保持图、表和记录的整洁、清楚和准确，不弄虚作假。

（3）清楚地掌握所操作工序管理点的质量要求。

（4）熟记操作规程和检验规程，严格按操作规程（作业指导书）和检验规程（工序质量管理表）的规定进行操作和检验，做到以现场操作质量来保证产品质量。

（5）在现场中发现工序质量有异常波动（管理点超出控制限制或有排列缺陷），应立即分析原因并采取措施。

（6）掌握本人操作工序管理点的支配性工序要素，对纳入操作规程的支配性工序要素认真贯彻执行；对由其他部门或人员负责管理的支配性工序要素进行监督。

（7）积极开展自检活动，认真贯彻执行自检责任制和工序管理点管理制度。

（8）牢固树立下道工序是用户的思想，定期访问用户，采纳用户正确意见，不断提高本工序质量。

五、工序管理点对质量检验员的要求

（1）质量检验员在现场巡回检验时，应检查管理点的质量特性及该特性的支配性工序要素，如发现问题应帮助操作员及时找出原因，并帮助其采取措施解决。

（2）应把建立管理点的工序作为检验的重点，除检验产品质量外，还应检验监督操作员执行工艺及工序管理点的规定，对违章作业的操作员要立即劝阻，并做好记录。

（3）质量检验员要按制度规定参加管理点工序的质量审核。

（4）质量检验员要熟悉所负责检验范围现场的质量要求及检测试验方法，并按检验指导书进行检验。

（5）质量检验员要熟悉现场质量管理所用的图、表或其他控制手段的用法和作用，并通过抽检来核对操作员的记录以及控制图点是否正确。

（6）做好检查操作员的自检记录，计算他们的自检准确率，并按月公布和上报。

如何进行制程质量异常处理

一、什么是制程

制程就是指事物运作程序的处理过程。制程质量具体到产品的质量管理中来，就是指产品生产过程中的运作程序，其质量是否符合标准和要求。

二、制程质量异常

当出现以下情况时，就要进行制程质量异常处理：

（1）进料不合格。

（2）管制图曲线有连续上升或下降趋势。

（3）产品的不合格率高或发现严重缺陷。

三、制程质量异常处理

如果班组在生产过程中，发现质量异常，就应该及时采取措施，使问题迅速、切实地得到改善，并防止其再次发生，以保持生产过程中产品质量的稳定。

（1）员工或检查人员发现制程质量异常时，应立即停止作业，采取临时措施并填写异常处理单，通知质量管理部。填写异常处理单应注意以下四个问题：

1）详细填写，尤其是异常内容以及临时处理措施。

2）如本单位就是责任单位，则先确认。

3）非量产者不得填写。

4）同一异常已填单在 24 小时内不得再填写。

（2）质量管理部门应在管理簿上进行登记，着手进行调查，判定责任工序或责任人。

（3）质量管理部门要通知责任人所在班组或其管理部门，要求其妥善处理。

（4）责任班组或其所在部门确认后，要立即组织调查小组进行调查，寻找制程质量异常的原因，并请专门的技术人员或上级领导参与分析讨论，找出解决方法。

（5）班组长要带领班组成员针对原因拟定改善对策，并交由企业负责人进行审核。

（6）按照拟定的相关文件实施改善措施，并请质量管理部门进行稽核，了解现况，如仍发现异常，则再请责任单位调查，重新拟定改善对策。

如何进行制程质量作业管理

在产品生产过程中，为了保证其制程质量的稳定，企业各部门就应积极进行制程质量作业管理，不断发现问题，改进措施，改善产品质量。其管理的要点和方法如下：

（1）作业人员必须按照操作标准和工艺要求进行作业，每一批的第一件产品加工完成后，检查人员要对其进行首件检查，如果检查合格，才能继续生产。

（2）在生产过程中，班组长应该进行巡回检查，掌握制程质量。

（3）检查站人员确依检查标准检查，不合格产品检修后须再经检查合格后才能继续加工。

（4）质量管理部应派检查人员对制程进行巡回抽验，对制程管理进行分析，并将有关资料回馈给有关单位。

（5）如果在制程中，发现质量异常，要立即采取措施，追查原因，并进行改善及做好记录防止再发生。

（6）班组长要定期组织班组成员检查仪器量规的管理与校正工作。

班组长抓质量管理的几个方法

一般情况下，班组长抓质量管理的方法有以下几种：

一、运用质量管理体系的过程方法

1. 什么是质量管理体系的过程方法

过程方法，是指系统地识别和管理组织所应用的过程以及过程之间的相互作用。过程是一个组织将输入转化为输出的相互关联或相互作用的活动。过程是事物的共性，是过程方法和管理的系统方法的共同基础，也是建立、实施、评价所有类型组织的质量管理体系的共同基础和途径。

班组长要抓好班组质量管理工作，保证产品的质量，其关键不是结果，而是产生结果的过程。因此，班组长必须在这个思路的基础上，明确在本班组的生产范围内，什么是影响质量的关键因素，其对应的关键管理过程是什么，还要明确本班组内重点管理岗位和需重点监测的人员。也就是说，班组长要运用质量管理体系的过程方法，确保自己能够将有限的精力用在产生作用最大、对质量影响至关重要的点上，突出管理的效能。

2. 运用过程方法需注意的方面

班组长在运用质量管理体系的过程方法时，为了有效控制过程，应关注以下几个方面的内容：

（1）在实际工作中寻找影响过程能力的系统因素和偶然因素，按过程规律控制这些因素，确保过程能力。

（2）研究过程的关联性及相互作用，控制过程的接口。

（3）理解、确定具体过程的具体要求和产品的固有特性，以及形成产品固有特性的过程。

（4）评价过程能力，使过程能力与过程目标相匹配。

（5）由于过程处于动态的变化中，因此应不断改进过程的有效性，适应要求的变化。

二、运用质量管理的系统方法

1. 什么是质量管理的系统方法

管理的系统方法是指运用过程方法将活动和相关资源作为过程进行管理，将这些过程组合成一个系统，实现过程的预期结果和系统的整体目标。质量管理系统中过程之间的关系、过程的关联性和相互作用都是过程之间的相关关系。这种关系中各个要素从不同角度、不同层次、纵向或横向地交错，在一定程度上会影响系统的功能。因此，必须不断优化过程，建立一个高效、有序的管理体系。

2. 班组质量管理系统方法的具体体现

质量管理体系中的系统方法用于班组质量管理具体体现在如下过程：

（1）班组长要根据企业的整体质量目标制定本班组的生产产品的质量目标，明确本班组在生产过程中的质量控制要达到什么水平，收获怎样的效果。

（2）班组长要针对所制定的本班组生产质量的目标，采取必要的管理措施，做出具体的计划。根据计划内容，规定负责计划的人员、时间节点，明确在生产过程中检查验证的手段。这样就形成了班组质量管理的系统方法。

三、班组人员和质量档案管理方法

班组质量管理实则是对人和质量的管理，因为质量是人创造的，所以在质量管理工作中，应将人放在首位。在具体工作中，要突出人员管理和人员意识、技能的不间断培训，建立班组质量档案，记录所发生的质量问题和技术上的改革创新；还要建立班组人员档案，记录每个人承接的任务、实际完成时间、产品质量等级三类数据，其中还要注意工序的加工难度和技术要求的可实现性。

四、定期开展质量教育培训

为了提高班组成员的质量意识，提高班组质量工作成效，班组长可以定期开展质量教育培训。班组的质量教育培训应侧重以下几个方面：

1. 意识教育

正确的质量意识能够促使班组成员更加对本职工作负责，在生产过程中，自觉遵守各项规章制度。班组长要经常针对质量问题要求班组成员进行反思，培养班组成员举一反三的能力。除此之外，班组长还应在培训中带领员工查找质量隐患，排除一切影响产品质量的人为因素。

2. 技能培训

一般的培训都比较重视技能培训，技能培训以提高员工的操作技能为主要目的。班组长要确保每一位班组成员熟练掌握产品生产的工艺和注意事项。

3. 集体讨论式培训

班组长要针对班组成员在生产过程中遇到的质量问题或者某一重点、难点、加工尺寸等问题开展讨论会，可以请技术人员进行指导，积极鼓励班组成员畅所欲言，发表解决问题的看法等，以此激发员工的工作灵感，提高团队协同力。

五、建立质量绩效评估制度

班组长要建立质量绩效评估制度，定期对班组成员的生产质量进行评价，正确评价组员的质量能力。质量绩效评估要通过以下三步来开展：

1. 个人自我评价

班组长应要求每一位班组成员对自己一个月完成的工作进行评价，评价可以从质量、完成指标和工作效率三个方面进行。

2. 班组长评价

班组长要掌握每一位班组成员一个月的工作情况，横向比较，对班组成员进行客观评价。

3. 目标管理

目标管理是质量绩效管理的重要工作内容。目标管理就是所有班组成员要将一个月的实际工作质量与目标值进行比较，找出二者之间的差距，做出定性的客观评价。

制程质量控制制度

一、制定制程质量控制制度的目的

制定制程质量控制制度的目的，是为了规范质量作业流程，进一步提高进料及生产过程的质量。它适用于企业的生产过程。

二、各部门的职责

（1）生产部负责产品的生产、产品质量发生异常的改善执行以及质量控制、生产工具的保养。

（2）质量管理部负责对企业生产过程中的半成品、零部件等检查；负责制程中质量异常的反馈；负责对质量改善过程的监控和改善效果的追踪。

（3）工程技术部门负责对产品质量的验证，进行质量异常事故的分析，提出质量改善的对策。

三、制程检验的目的

（1）可以在大批量生产前，及时发现物料或产品的质量问题，并采取措施，有效防止大量不合格产品的产生。

（2）发现产品生产过程中影响质量的因素或隐患，及时制止不合格产品的产生。

（3）可以防止不合格的半成品流入下一工序，进一步保证了产品的最终质量。

四、制程检验的作用

1. 根据检测结果对工序做出判定

即生产过程中的各个要素是否处于正常的稳定状态，从而决定工序是否应该继续进行生产。

2. 根据检测结果对产品做出判定

即产品质量是否符合规格和标准的要求。

五、制程检验的检验范围

（1）生产原材料是否合格，生产过程中半成品或成品的质量。

（2）生产作业人员工艺技术的掌握程度，是否能够满足产品质量的要求。

（3）机器设备的运行状态、负荷程度。

（4）产品设计的工艺是否合理，技术是否符合产品特性要求。

（5）生产环境是否适宜产品生产需要。

六、制程检验的程序

1. 了解产品

在进行制程检验时，要先了解产品的构成、组成的材料以及产品用途等产品的相关信息。

2. 了解制程

检验人员要掌握产品生产的基本流程，明白该产品生产时的作业重点，检验时机以及检验时的注意事项。

3. 重点管制站点

将产品生产的关键工序作为检验的重点站点。

4. 巡检方法

确定检验方法、巡检人员、准备检验工具等。

七、制程质量检验的要点

1. 过程检验的方式

（1）过程控制与抽检、巡检相结合。

（2）抽样与全检相结合。

（3）首件自检、互检、专检相结合。

（4）逐道工序进行检验。

（5）多道工序集中检验。

（6）产品完成后检验。

2. 检验项目

（1）外观。

（2）尺寸。

（3）理化特性等。

3. 检验结果记录

检验人员要详细记录检验过程，如实填写检验结果。

4. 检验依据标准

《作业指导书》、《工序检验标准》、《过程检验和试验程序》等。

八、制程检验的"三现主义"和"五不政策"

1. "三现主义"

（1）现物：不良产品的实物。

（2）现状：不良产品的形状。

（3）现场：发生不良的地方。

2. "五不政策"

（1）不设计不良产品。

（2）不采用不良产品。

（3）不接受不良产品。

（4）不制造不良产品。

（5）不流出不良产品。

外协品质量控制制度

一、制定外协品质量控制制度的目的

制定外协品质量控制制度的目的，是为了规范外协品质量管理，有效控制外协品的质量，以提高企业产品的质量。它适用于企业采购外协品质量的管理。

二、各部门的职责

（1）采购部负责企业生产需要的外协品的采购。

（2）质量管理部负责对外协品进行检验。

（3）生产部负责对外协品的加工和使用。

（4）仓库管理部负责对暂时不用的外协品进行管理。

三、外协品质量不合格的处理

（1）质量检验人员发现外协品有质量问题时，要立即通知采购人员向供应商反馈。

（2）技术部门及其他相关部门应配合质量管理部进行外协品质量评审。

如果企业生产部门急需该批外协品做生产所用，可以做出让步接收或返厂修理或部分退货的处理；如果外协品质量严重不合格或不合格数量较多，应做出退货处理。采购外协件产品出现质量问题时，采购人员要根据评审结果，按照合同中"采购控制程序"、"质量协议"和"不合格产品控制程序"等相关文件及时与供应商沟通，进行相关事宜的处理。

（3）质量检验人员应根据检验结果形成检验记录，并妥善保管。

（4）仓库人员要对不合格的外协品予以隔离，并妥善保管。

（5）返工维修的外协品应由质量检验人员进行严格检验，确定质量合格后方能入库。

怎样处理现场不良产品与质量异常

一、什么叫不良产品

不良产品是指不能满足品质规定的产品。

二、控制不良产品的目的

（1）提高产品的质量。

（2）提高企业产品竞争力。

（3）提高生产效率。

三、不良产品产生的原因

在产品质量管理中，由于受主观或客观因素的影响，不良产品的产生有时是不可避免的。产生不良产品的原因可能来自各个方面，如机器和设备方面、设计和规范方面、材料方面、过程控制和检验方面、操作和监督方面等。其具体内容如下：

1. 机器和设备方面

（1）使用了已损坏的工具、夹具或模具。

（2）机器保养不当。

（3）加工能力不足。

（4）环境条件（如温度和湿度）不符合要求等。

（5）缺乏测量设备/测量器具（量具）。

2. 设计和规范方面

（1）图纸或资料已经失效。

（2）不符合实际的设计或零部件装配，公差设计不合理。

（3）设计和规格含糊或不充分。

3. 材料方面

（1）用错了材料。

（2）让步接收了低于标准要求的材料。

（3）使用了未经试验的材料。

4. 过程控制和检验方面

（1）过程控制不充分。

（2）检验和试验指导不当。

（3）缺乏适当的检验或试验设备。

（4）检验或试验设备未处于校准状态。

（5）检验人员技能不足或责任心不强。

5. 操作和监督方面

（1）监督不充分。

（2）操作者不具备足够的技能。

（3）机器调整不当。

（4）对制造图纸或指导书不理解或误解。

四、不良产品的标识

对不良产品进行标识是为了防止在生产过程中误用了不良产品。因此，企业应对进料、半成品、零部件、未处理的不良产品以及成品进行标识。

1. 选择标识物

标识物可以是专门做的标识牌、"箱头纸"，还可以采用色标。

（1）标识牌。班组可以用薄木板或金属片做成小方牌，在小方牌上写上"合格牌"、"不合格牌"、"待验牌"、"暂收牌"、"重检牌"、"待处理牌"、"返工牌"、"返修牌"、"重检牌"、"报废牌"、"退货牌"等，以此来界定产品的质量特性。标识牌主要用于成批产品或大型货物的标识。

（2）"箱头纸"。也称标签或卡片。使用时，将产品的质量特性标注在上面，并注明货物的工单编号、品名、日期、颜色、来源、规格、数量、材质等内容。

（3）色标。色标是一张有色粘贴纸，其形状一般为正方形（2厘米×2厘米），颜色一般分为：绿色、黄色、红色三种。它可直接贴在产品表面规定的位置，也可贴在产品的外包装或标签纸上。

2. 对不良产品进行标识

（1）对进料不良产品的标识。如果在生产作业过程中，发现进料中存在不良产品，要及时将不良产品贴上"待处理"的标签，并报请部门主管或经理裁定处理，按照上级领导的最终审批意见做暂收、挑选、退货等的标识。

（2）对制程中不良产品的标识。生产过程中的不良产品主要来自员工自检和班组长的巡检。如果在生产过程中发现不良产品，员工应将不良产品放在旁边专门设置的"不良产品箱"中，箱子放满或者该道工序完成后，要组织专门的员工清点，再由所在部门的检验人员贴上"不合格"的标签，搬运到现场划定的"不合格"区域整齐摆放。

五、对不良产品的隔离

1. 不良产品隔离的目的

（1）明确产品质量的责任。

（2）确保不良产品不被误用。

（3）便于质量事项原因的分析。

（4）最大限度地利用物料。

2. 不良产品隔离的工作要点

（1）对产生的不良产品，必须当时记录并标识。

（2）保证不良产品在搬运过程中标识物的维护。

（3）加强对现场留存的不良产品的控制。

（4）明确不良产品的处置部门和权限。

（5）经初审鉴定为不良产品的货品，须及时隔离，以免好坏货品混装。

六、不良产品的预防措施

1. 保持员工稳定

人员流动的频率往往可以反映员工对企业认同的程度。员工流动频率高的企业，生产的技术、熟练程度、产品质量等就比员工稳定的企业差。如果员工流动太频繁，那么新进的员工又要进行培训，费时费力，还不见得有成效。

如果员工在企业工作时间长，对生产技术也就熟能生巧了。所以，班组长要提高生产质量，就必须保持员工的稳定性，要对每一位新进的员工表示肯定，表明他的重要性，这样自然能够使员工对工作产生情感，员工就不会轻易离开，而且情绪相对稳定，工作也会更有效率。

2. 使培训更有效果

培训是提高生产力的一个重要步骤，培训可以在职前也可以在职中。作为班组长，要仔细分析每个员工的特点和不足，有针对性地对他们进行适当的培训，提高他们的工作能力。

3. 进行标准化操作

标准是制度、是规定、是工作规则，也是工作方法。班组长要督促每个员工都按照作业标准进行作业，对其不足之处要及时给予指正。

4. 保持工作环境的整洁

工作环境整洁，空间紧密，工序井井有条是生产效率和生产产品质量提高的保障，工作场所脏乱，代表的是效率低、品质不稳定以及"总值"的浪费。

这就要求班组长推行 5S 活动，即开展以整理、整顿、清扫、清洁和素养为内容的活动，便能得到意想不到的效果。这些虽然不是品质的决定因素，但却是品质的影响因素。

5. 统计品质

传统的品质管理方法是对产品进行检验，让良品继续流向施工程序，而把不良产品予以剔除，并对其进行整修或报废处理。这只能得到被检验产品的品质信息，而对于产品的品质改善是没有意义的，应该按照统计原理来进行产品品质和服务品质的改善，所以统计品质也是一个很重要的因素。

6. 保持供料厂商的稳定

如果没有良好的物料来源，即使再好的技术、再好的生产条件也是没有用的，所以对物料的供应商应该谨慎挑选，一旦选定了就保持稳定。

不能贪图便宜选择物料差的厂商，也不能一味追求高品质、高价格，而是要折中处理，选择物料良好、价格适中的厂商即可。

7. 完善机器保养制度

产品是靠机器来生产的，机器有精密度与寿命。如果机器出现故障不能正常运转，那么生产就会中断，到头来得不偿失。所以，平常注意要经常对机器进行检查、维修和保养，保持机器能够高效运转。

8. 建立作业标准化

标准化，是一种制度、规定、工作规则，或者说是一种工作方法。在进行生产作业的过程中，可能会出现各种各样的变化，而这些变化就会导致生产过程的不稳定，从而影响产品的质量。因此，要建立标准化，将员工积累的技术经验总结出来，形成文件，建立一个作业标准，以此稳定工作过程。而且，就算是出现变化，如某项作业的过程中换了人，也不会因为不同的人，而出现太大的差异。

9. 创造良好的工作环境

工作环境不是影响产品质量的决定性因素，但在一定程度上它却与产品质量存在着因果关系。如果生产场所脏乱，如机器设备摆放不当、工具放置不当、人行主道不干净等，势必影响工作效率，衍生许多工作困扰，进而影响产品质量。因此，为了防止不良产品的产生，企业应积极推行 5S 活动，尤其是对机器设备的保养，如果机器不注意保养，机器的精密度、寿命就会随之下降、缩短，质量也会受到影响。

10. 合理的统计技术

对产品质量管理的传统方法是对产品进行检验，让合格的产品或工序继续流向施工程序，将不合格产品予以剔除，并进行整修或报废处理。这种方法只能得到被检验产品的质量信息，对产品质量改善的作用有一定的局限性。因此，企业在质量检验工作中，应采取合理的统计技术，应用统计原理来进行产品品质及服务品质的改善，运用并推广统计原理衍生出来的改善工具，不断改善产品质量。

七、不良产品的处理

（1）分析不良产品产生的原因，主要有供应商物料不良、生产过程不良、产品维护不良。

（2）对不良产品进行分析统计，填写《品质异常报告》，主要内容有：是哪道工序产生的，是什么时候产生的，是由哪些员工操作制造的，不良产品的种类和数量，物料来源方，为什么会产生不良产品。

（3）针对不良产品，找到初步的解决办法，并在次日工作中实施。如果没有好的对策，就要报告上级，听候指示。

（4）仔细从各个方面分析原因，防止犯同样的错误。

不合格产品管理制度

一、制定不合格产品管理制度的目的

制定不合格产品管理制度的目的，是为了对检验出的不合格产品进行识别和控制，防止不合格的半成品错用或不合格产品流出，给企业带来经济损失。它适用于企业采购材料验收、产品生产过程及成品检验不合格的控制。

二、各部门的职责

（1）班组作业人员要按照作业标准进行作业，如发现质量问题，要及时通知质量管理部门进行检验。

（2）质量管理部要组织质量检验人员负责对企业的原材料、半成品、零部件、最终产品进行检验。

（3）生产部负责人组织专门的小组对不合格产品进行管理。

（4）质量管理部负责人、技术人员以及其他相关人员要对产品质量进行评审。

三、不合格产品的相关管理规定

1. 不合格产品的评审和记录

（1）质量检验人员完成检验工作后要对检验结果进行详细的记录，并对不合格产品进行标识，交由仓库管理人员进行管理。

（2）质量管理人员还要对不合格产品的原因进行调查，找到原因，组织相关人员进行评审，并采取相应的措施进行处理。

2. 不合格产品的标识和隔离

（1）如果在进料检验时，发现不合格产品，要经过评审后，对不合格产品做出退货、勉强接受、换货等的处理。

（2）如果在储存过程中发现不合格产品，仓库管理员要根据标识标准对各类不合格产品做出标识，并填写"不合格产品通知单"及注明不合格原因，存放在指定的隔离区，避免与合格品混淆或被误用。

（3）如果在生产过程中发现不合格产品，作业人员要由生产技术人员根据标准做出评审，做出相应标识，并与合格产品隔离，保证不合格半成品不得流入下一道工序。

（4）如果产品的最终检验有不合格产品，则不予入库或出厂。

3. 不良产品区域的规划

（1）在各生产现场的每台机器或拉台的每个工位旁边，均应配有专用的不良产品箱或袋，以便用来收集生产中产生的不良产品，或者专门划出一个专用区域用来摆放不良产品箱或袋，该区域即为"不良产品暂放区"。

（2）所有的"不良产品摆放区"均要用画线和文字注明，区域面积的大小视该单位产生不良产品的数量而定。

（3）各生产现场和楼层要规划出一定面积的"不良产品摆放区"用来摆放从生产线上收集来的不良产品。

四、不合格产品退回处理

在生产过程中发现的不合格产品，可能是由于生产人员、检验人员自己的责任，也可能是由于其他客观原因造成的。因此，追究不合格产品的责任时应考虑"自责"和"他责"两种情况。自责不合格产品只能就地报废，而他责不合格产品则按相反方向逐级退回前工序，除反馈不良信息、防止再次出现外，还可能涉及索赔。

1. 不合格产品退回之前要分清责任

区分不合格产品时，要运用恰当的检测手段，以区分出自责不合格产品和他责不合格产品。但有时候却不容易区分，例如外观不合格产品就不容易区分。因此，在上一道工序提供加工样品时就要进行判定。

（1）如果不合格产品是"他责"，要具体注明他责不合格产品的发现经过、程序、内容、比率。

（2）如果开始判定产品虽有问题，但对最终质量影响不大就按合格品进行继续加工，而中途出现问题无法使用时，需要预先通知前工序操作人员，协调解决。

2. 退回不合格产品时要仔细确认

对不合格产品进行退回处理时，要按照"不良产品清退明细表"仔细核对不合格产品和所记录的名称、具体内容、编号、数量是否一致。在进行不合格产品退回处理时，自责品必须退回仓库进行报废，而不能在生产现场就地报废。

3. 退回不合格产品时要标明名称和编号

班组长应对所有不良产品进行造册登记，对不合格产品进行记录。如果记录需要修改，后一工序就要重新拟定名称和编号。在退不良产品时，一定要使用双方事先约定的名称和编号，以避免引起别人误解。

4. 不合格产品上应标明不良部位或添附说明文字

为了方便前一道工序的工作，要在不合格产品上标识不良部位或添附说明文字，这样一目了然，就不用再次翻查。总之，标识尽可能显眼些，必要时也可在外包装上标识。

5. 不合格产品的原路、原状退回

原路、原状退回是指对不合格的进料按原路、原状退回给供应商。

第三节　生产质量控制标准化和流程化

怎样在班组中推行标准化作业

一、标准化作业管理的优势

（1）做好标准化能够应对各种变化，能够用低成本换来高质量的产品。

（2）作业易执行；技能易掌握；质量易保证；管理易监督；人员易调配；人才易培养。

（3）作业速度快；低级错误少；应变能力强。

二、如何推行标准化作业

1. 明确标准化作业的内容

标准化作业的内容与工种有关，如机械加工车间的标准化包括以下几个方面：

（1）员工作业时的操作程序与要领。

（2）机床的切削用量。

（3）设备的定期、定点润滑。

（4）刀具定时更换以及更换时的作业要领。

（5）量具、检具使用的程序与要领。

2. 建立标准化作业管理体系

（1）文件体系

（2）支持体系

（3）执行体系

（4）监督体系

3. 维护好标准化作业管理体系

（1）细化：根据材料、机型、工艺等特点不断做精做细，提高作业标准的针对性。

（2）优化：不断改进，寻找更合适、更稳定、更有效的作业标准，不断提升作业绩效。

（3）根据实践经验和实际情况，不断丰富标准化作业的内容和形式。

班组长生产质量管控工作标准

表 5–1　班组长生产质量管控工作标准

任务名称		任务程序、重点及标准	时限	相关资料
收集生产信息	程序	生产部从不同的渠道收集生产方面的信息，并进行汇总	依情况而定	市场需求、原材料供应、产能等方面的信息资料
		业务部提供客户订单等市场需求信息	随时	
		综合部与质量管理部积极配合生产部门的工作	随时	
	重点	生产信息的收集汇总		
	标准	信息收集全面、及时、准确		
制订生产计划	程序	生产部对汇总的信息进行分析和研究	依情况而定	①企业产能信息②客户订单③企业经营计划
		根据企业的生产能力、业务部客户订单和企业常规计划要求，生产部制订生产计划	5个工作日内	
		生产计划报总监审批	3个工作日内	
	重点	生产计划的编制		
	标准	计划全面、可行		
组织生产	程序	生产部根据生产计划进行生产排程，安排各项任务的生产实践和交接时间	依情况而定	生产计划
		生产部组织生产，安排负责人员、场地、设备，分析技术难点，预防品质问题的出现等	随时	
		质量部为生产提供技术保障和技术	随时	
		综合部保证生产原料与所需物质的供应	随时	
	重点	生产排程与组织		
	标准	按计划顺序、有条不紊地进行		
生产控制	程序	生产管理人员负责对生产过程、生产进度、物料供应等情况进行监督和控制	随时	①生产计划②生产进度报表③基层管理人员和生产人员情况汇报
		生产部负责生产过程中的协调工作，保证生产顺利进行	随时	
		质量部积极检查生产部的工作，及时解决生产过程中的技术问题	随时	
		综合部按生产部的要求准确、及时提供生产所需物资	随时	
	重点	生产过程中的监督、协调与控制		
	标准	按计划有序进行		

续表

任务名称	任务程序、重点及标准		时限	相关资料
生产总结汇总	程序	生产工作按计划完成后，生产部应对整个阶段的生产过程进行全面的总结与评估，并向相关领导汇报	即时	①生产计划完成情况 ②生产进度完成表
		对生产过程中的相关资料进行整理、存档	即时	
	重点	生产过程情况及问题的总结		
	标准	生产总结客观、及时、全面		

班组长生产质量管控工作流程

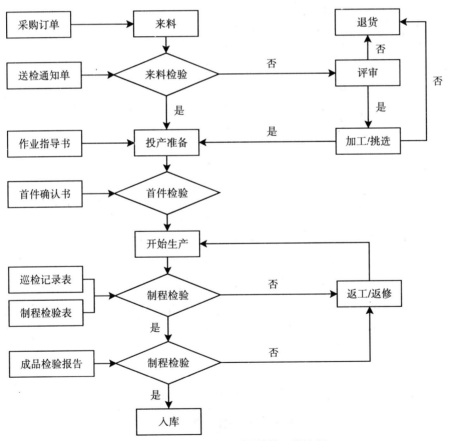

图5-1　班组长生产质量管控工作流程

进料检验操作流程

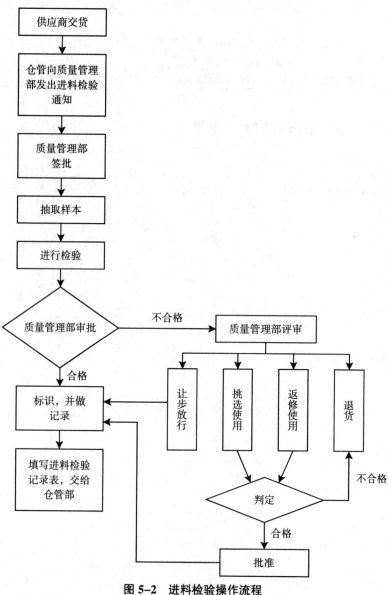

图5-2 进料检验操作流程

产品试制的管理流程

产品试制管理流程的具体内容如图 5-3 所示。

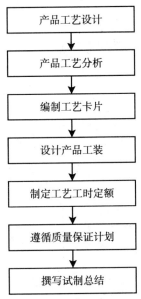

图 5-3　产品试制的管理流程

一、产品工艺设计

根据新产品任务书，设计产品工艺，提出安排；利用测试条件、面积、厂房、设备等要素的设想制定出简单的工艺路线。

二、产品工艺分析

根据产品技术设计和方案设计，做出元件改装、选配复杂自制件加工、材料改制等几项工艺分析，并审查产品工作图的工艺性。

三、编制试制所用的工艺卡片

试制所用的工艺卡片包括专业工艺守则、关键工序卡片（工序卡）、装配工艺过程卡（装配卡）、工艺卡片（路线卡）等。

四、根据产品试验的需要

设计关键性的必不可少的产品工装。根据经济可靠、保证产品质量的原则，结合小批试制或样品试制符合系数要求的工艺，充分利用如简易工装、通用工装、过渡工装（如低熔点合金模具）、组合工装等现有的工装。

五、制定工艺工时定额

制定试制材料加工工时定额和消耗工艺定额。

六、遵循质量保证计划

应遵循质量保证计划制造零部件或进行总装配，做好试制记录，并编制新产品质量保证要求及相关文件。

七、编制试制总结

产品试制完成之后，要编制试制总结。在试制总结中要着重总结设计文件的验证情况，阐述装配和调试中的相关问题（如结构、工艺及产品性能）以及解决过程。除此之外，还要在总结中附上各种反映技术内容的原始记录。

工序质量控制管理流程

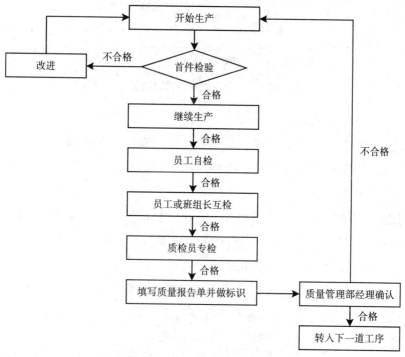

图 5-4　工序质量控制管理流程

制程检验操作流程

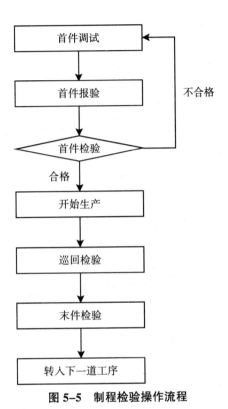

图 5-5　制程检验操作流程

外协品质量控制管理流程

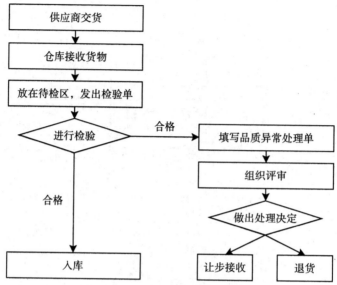

图 5-6 外协品质量控制管理流程

统计质量控制管理流程

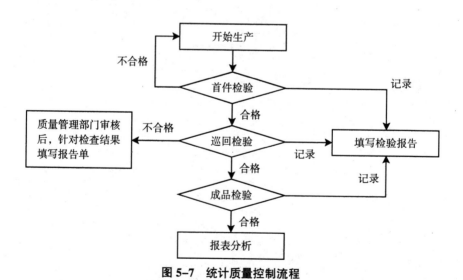

图 5-7 统计质量控制流程

质量检验操作流程

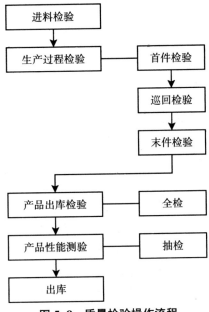

图 5-8　质量检验操作流程

第六章 质量检验管理：严把质量关，不放过任何问题

第一节 质量检验的基本知识

质量检验的概念和分类

一、什么是质量检验

检验就是借助如测量、检查、试验和度量等手段和方法，根据产品图样或检验操作规程测量原材料、半成品、成品等实体的一个或各个特性，通过观察和判断，将测定结果与质量标准进行比较，从而做出合格、优劣与否的判定，最后对能否适合下道工序的使用或能否提供给用户做出决定的业务活动。

而质量检验就是对产品的一项或多项质量特性进行观察、测量、试验，并将结果与规定的质量要求进行比较，以判断每项质量特性合格与否的一种活动。对产品而言，质量检验是指根据企业对产品制定的标准和检验规程对原材料、零部件和成品进行观察、测量或试验，并把所得到的特性值和规定值作比较，判定出各个物品或成批产品合格与不合格的技术性检查活动。

二、质量检验的基本分类

质量检验是一项比较复杂的工作，企业在组织质量检验时，可以根据其

特点和检验方式进行分类，不同的检验由不同的检验人员负责，以提高检验效率。质量检验通常可以分为以下几类：

1. 按生产流程划分

（1）进料检验。又称验收检验，指由接收者对原材料、半成品、外协件、外购件等进行检验。进料检验是进行管制，不让不良原物料进入物料仓库的控制点，也是评鉴供料厂商主要的资讯来源。当所进物料数量少、单价高时，检验人员应进行全检；如果所进物料数量多，成本相对较低时，可进行抽检；如果提供物料的供应商是长期合作，是可以信赖的供应商，可以免检通过。

进料检验应根据被检查物料的外观、构造和特性进行检查。对于需要检验的物料可以采用首件（批）检验和成批检验两种检验方式。

1）首件检验不一定是对第一件物料进行检验，也可能是几件或一批。检验人员要通过首件（批）检验了解物料的质量水平，以便确立具体的验收标准，为以后要进行的成批产品的验收建立质量水平标准。

2）成批检验是指将大量的所购产品按照其重要程度分别进行检验，防止不符合要求的成批产品进入生产过程，从而避免打乱生产秩序和影响产品质量。

（2）工序间检验。在生产过程中，对某一道工序进行检验，判断半成品能否由该工序转入下一道工序，目的是防止不合格产品流入下道工序。此外，在工序检验过程中，还应检验可能影响产品质量的相关因素（人员、机器、工艺技术、物料、生产环境）以及稳定情况，还可以根据受检产品的质量情况对工序质量稳定状况做出分析和推断，判定影响产品质量的因素是否处在正常状态。

工序间检验的工作量比较大，因此，可以对重要零部件和关键工序进行重点检查，其他工序可以一并检查，检查时也应注意搞好首件检验。需要进行首件检查的情况通常有：

①刚上班或换班后加工出来的第一件产品；②调整或更换工装出来的第一件产品；③改变工艺参数加工出的第一件产品；④改变原材料、毛坯、半

成品后加工出的第一件产品；⑤调整设备后加工出的第一件产品。

首件检验不合格，不得继续进行成批加工。要立即查明原因并采取相应措施，对生产过程中的有关因素加以调整或改进，将不正常因素排除后再生产，生产后还要再进行首件检验。首件检验可以起到预防作用，防止批量不合格产生。工序间的首件检查主要由班组组织的质检 QC 小组负责，QC 小组应主要检查以下项目：

①所检验的零件数量、前工序的加工质量合格与否，物料签上是否有质检 QC 的标志；②检验加工出来的首件产品的质量是否符合产品图样、工艺和技术标准的要求；③材料、毛坯、半成品与图样和工艺规程是否相符；④图样与加工路线是否相符；⑤量具应事先校好，确保检测的数据正确无误；⑥检验材料、零件外观、配合部位的加工表面有无宏观的缺陷。

（3）最终检验。又称出厂检验，是指产品制造、返修或调试完成后所进行的检验。最终检验是产品入库前所进行的一次全面检查，目的是防止不合格的产品入库或出厂，并将不合格产品处理掉，保证用户的正常使用，避免给企业的声誉带来不应有的损失和影响。

2. 按检验地点划分

（1）固定检验。是管理者在生产现场设置固定的检验台，要求员工将自己加工完的产品或半成品送到检验台进行检验，由专门的质检 QC 小组的检验人员进行检验。

（2）流动检验。又称巡回检验或临床检查，是检验员定期或随机流动性地在生产现场按一定的时间间隔对制造过程中进行的有关工序的产品质量和加工工艺的监督检验。

由于巡回检验要深入到操作台上，检验人员要熟悉产品的特点、装配调试技术加工过程、必备的检验工具及技术文件、质量记录表单等，因此，检验人员必须具有丰富的工作经验和较高的技术水平，才能及时发现质量问题，进而深入分析工艺、工艺装备及技术操作等多方面对产品质量的影响。检验人员可以按照以下步骤进行流动检验：

1）入现场，初步检验。检验人员首先要亲自深入到员工的工作中，对员工的操作及工具、夹具、设备的情况仔细观察，详细了解，检验产品质量是否满足工艺要求。

2）质量分析，查明原因。当发现员工加工的产品不合格时，检验人员应立即要求员工停止工作，查明原因，进行分析。

3）及时处理，落实措施。检验人员应针对出现的质量问题，及时进行处理，迅速采取措施，防止问题再次发生，必要时可上报上级领导。

3. 按检验体制划分

（1）自检。员工在生产过程中对自己所加工或装配的零部件和产品进行检验，判断本道工序的质量是否符合工艺和技术标准，确定是继续加工，还是需要调整机器或对工具、夹具、量具等工具进行查看，及时进行工艺分析。

（2）互检。互检就是指进行生产操作的员工相互检验。也就是我们习惯上所说的："下道工序就是用户"，进行下道工序的员工要对上道工序进行检验，这就属于互检的范围。

（3）专检。由企业经理或其他管理者组成检验小组对生产过程或产品进行的检验。专检所使用的检验工具通常都比较先进，专检人员具有较高的技术水平，资料、检测仪器的量具也更加可靠一些。因此，专检具有判定产品质量的权威性。

4. 按检验目的划分

（1）生产检验。目的是排除生产过程中影响产品质量的各个因素，防止不合格产品出厂或流入下道工序。生产检验由企业的质检部门按工艺和技术标准和图样对原材料、半成品进行检验。

（2）验收检验。验收检验是买方或使用单位为了检查买到的产品是否符合国家（国际）现行的技术标准或合同规定而进行的检验。

（3）监督检验。指对检验过程或已经检验完的产品进行监督或再检验。

（4）仲裁检验。当买卖（供需）双方之间发生质量纠纷时，经申诉后由国家决定的产品质量监督检测机构对产品质量所进行的检验。

质量检验的基本职能

一、质量检验的职能

质量检验是质量管理工作的重中之重，其职能有以下几点：

1. 鉴别职能

质量检验首先能够对产品的质量进行鉴别。质量的鉴别功能是指由专职检验人员根据产品图样、技术标准、作业（工艺）规程以及其他相关规定，采用相应的检测方法观察、测量、试验产品的质量特性，判定产品质量是否符合标准和相关的要求。通过鉴别才能判断产品质量是否合格，不进行鉴别就不能确定产品的质量状况，也就难以实现质量检验的其他功能。因此，鉴别是质量检验以下各项功能的基础。

2. 把关职能

质量的把关职能也称质量保证职能，是质量检验最基本的职能。质量检验可以在产品生产的各个阶段进行，就像前面内容所示，产品的生产是一个相对复杂的过程。在质量管理过程中，会受到人员、机器、材料、方法、环节等因素的制约，这些因素都可能对生产过程的变化产生影响，各道工序不可能都处于绝对的稳定状态，质量特性的波动是客观存在的，从实际的角度出发，要求每道工序都保证生产出 100% 的合格产品不太可能。因此，完全有必要通过质量检验把关，检验出不合格的产品。

总之，通过质量检验，对生产产品的原材料、不合格的半成品或零部件、不合格的成品等进行严格的把关，这样才能保证产品的质量。

3. 预防职能

质量检验不仅能对产品质量进行把关，还能起到预防作用，这也是现代质量检验区别于传统检验的重要之处。企业实际上对产品生产需要的原材料和其他外购零件的进货检验、对生产过程中的半成品转序或入库前的检验，既起把关作用，又起预防作用。也就是说，对前期进行完整的程序把关，也能对后期将要进入的程序起到预防的作用。此外，企业还可以应用现代数理统计方法对检验数据进行分析，从中发现或找到质量变异的规律和特征，并利用这些规律和特征改善质量状况，预防不稳定生产状态的出现。质量检验的预防职能主要体现在以下两个方面：

（1）通过对生产过程的工序能力的测定和控制图的使用起到预防作用。无论是测定过程（工序）能力或使用控制图，都需要通过产品检验取得一批数据或一组数据，但这种检验的目的，不是为了判断一批或一组产品是否合格，而是为了计算工序能力的大小和反映生产过程的状态。如发现工序能力不足，或通过控制图表明有异常因素或生产过程出现了异常状态，就要及时调整或采取技术组织措施，提高工序或生产过程的能力，消除生产过程中存在的异常因素，改变异常状态，预防不合格产品的产生，保证生产过程或工序的稳定状态。

（2）通过工序生产中的首检与巡检起到预防作用。在生产中，出现以下两种情况时一般应进行首件检验（首件检验不一定只检查一件）：一是当一个班组或一批产品开始作业（加工）时；二是当设备进行修理或调整后又开始作业（加工）时。只有首件检验合格并得到认可时，才能正式投产。这样做能够预防出现大批不合格的产品。而巡检是指正式成批投产后，为了及时发现生产过程中的变化或防止不合格产品出现的可能，由专门的检验人员定期或不定期地到现场进行巡回抽查，一旦发现工序生产中存在着质量问题，就要立即采取相应的措施予以纠正，预防不合格产品的产生。

4. 信息反馈的职能

质量检验的反馈职能是指专门的检验人员根据检验时掌握的生产过程中的质量状态，评价和分析质量体系的有效性，并将检验分析结果及时反馈给管理决策部门以及其他的相关管理部门，以便做出正确的判断，采取有效的决策措施。因此，检验人员要根据产品质量的变化情况，把检验获取的数据和信息，特别是计算所得的指标，经汇总、整理、分析后写成报告，用报告形式上报给相关的部门领导。报告的主要内容包括以下几个方面：

（1）按车间和分小组的平均合格率、返修率、报废率、相应的金额损失及排列图分析。

（2）重大质量问题的调查、分析和处理报告。

（3）产品出厂检验的合格率、返修率、报废率、降级率以及相应的金额损失。

（4）原材料、外购件、外协件进厂验收检验的情况和合格率指标。

（5）不合格产品的处理情况报告。

（6）产品报废原因的排列图分析。

（7）改进质量的建议报告。

（8）检验人员工作情况的报告。

二、充分发挥质量检验的职能

企业在质量检验工作中，往往忽视了它的预防与报告职能，这样的检验显然是很片面的。通过质量检验，保证不合格的原材料、半成品、外购零部件等不投产、不转序，已经在一定程度上保证了产品的质量。但是，发挥质量检验的预防和信息反馈职能，将检验中获得的大量资料和数据，经过综合分析，及时反馈，能够更进一步提高质量、完善管理。企业应充分认识到质量检验职能的不可分割性，只有自觉地发挥检验的三个职能，才能为培养质量意识、加强管理、改进设计以及提高产品质量打下坚实的基础，更有效地保证质量。

班组质量检验的概念和目的

一、什么是班组质量检验

班组质量检验是指为了规范班组成员在产品生产过程中的行为规范，保证不流出不合格的产品所做的一系列检验工作。班组质量检验工作由班组长负责，班组长可以采用首件检验、巡回检验、进货检验、中间检验、完工检验以及工序能力的测定和控制图的使用等对班组成员生产出来的产品或生产过程进行检验，以及时发现质量问题，采取必要的整改措施。

二、班组质量检验的目的

班组长如果想要保证本班组在生产过程中或负责生产的某一环节不出现质量问题，测定出工序满足公差的能力，监测出工序状态的异常变化，就要进行必要的检验工作。对产品质量检验的目的主要有以下几点：

1. 判断产品质量是否合格

班组可以通过对已经生产出来的产品或零部件进行抽样检查或全数检验，判定产品或零部件的质量是否合格。

2. 证实产品的零部件是否符合要求

班组长要定期检查班组成员的生产操作过程，通过检验或产品试验，证实产品或零部件的符合度是否在企业规定的质量要求范围之内。

3. 对产品质量做出评定

通过检查，将不合格的产品列举出来，确定产品缺陷的严重程度，并按照其缺陷的严重程度进行分类，对产品质量做出初步评定，为质量评定和质量改进提供依据。

4. 考核生产过程的质量

班组长还要重视产品在生产过程中的检验，通过对产品生产过程中质量的检验，确定在生产过程中产品的质量是否处于稳定状态。如果在这一过程中发现质量问题，要立即对生产过程做出调整，以减少损失。

5. 掌握质量信息，了解班组成员执行操作规程的情况。

对质量进行检验，要通过收集大量有关质量的数据，并进行统计分析和计算才能得出准确的质量控制数据。这样既可以提供产品质量统计考核指标完成情况，又可以为质量改进和广泛的质量管理活动提供有用的数据。班组长还能通过检验结果进一步了解班组成员在生产过程中是否按照工艺规程进行操作及其执行情况等，掌握、评价产品的实际质量水平，以报告的形式反馈给管理决策部门和有关管理部门，以便使管理决策部门做出正确的判断并采取有效的改进措施。

质量检验的常用工具

表6-1　质量检验的常用工具

名称	用途	使用方法	图示
内外直角检测尺	检测物体上内外（阴阳）直角的偏差，及一般平面的垂直度与水平度	将推键向左推，拉出活动尺，旋转270度即可检测，检测时主尺及活动尺都应紧靠被测面，指针所指刻度的数值即被测面130毫米长度的直角偏差，每格为1毫米。垂直度水平度检测时要将指针对准"0"位，主尺垂直朝上，将活动尺平放在被测物体上检测	
楔形塞尺	检测建筑物体上缝隙的大小及物体平面的平整度	使用时将刃口一端插入缝隙，然后读出楔形尺上在缝隙口处的读数，这个数就是缝隙宽度	
磁力线坠（8功能）	检测建筑物体的垂直度及用于砌墙、安装门窗、电梯等任何物体的垂直校正，目测对比	使用时将线扣在主体下面另一端的固定销上就可以检测了	
百格网	百格网采用高透明度工业塑料制成，展开后检测面积等同于标准砖，其上均布100小格，专用于检测砌体砖面砂浆饱满度，即覆盖率	百格网有100个格子，总大小是和砖一样的240毫米×115毫米，用于测定砌砖砂浆的饱满度，一般要求砂浆的饱满度不能小于80%。在墙上撬一块砖，把网放在上面，数有砂浆的格子是几格就可以	
检测镜	检测建筑物体的上冒头、背面、弯曲面等肉眼不易直接看到的地方，手柄处有M6螺孔，可装在伸缩杆或对角检测尺上，以便于高处检测	—	
卷+线器	塑料盒式结构，内有尼龙丝线，拉出全长15米，可检测建筑物体的平直，如砖墙砌体灰缝、踢脚线等（用其他检测工具不易检测物体的平直部位）	检测时，拉紧两端丝线，放在被测处，目测观察对比，检测完毕后，用卷线手柄顺时针旋转，将丝线收入盒内，然后锁上方扣	

名称	用途	使用方法	图示
伸缩杆	二节伸缩式结构，伸出全长 410 毫米，前端有 M16 螺栓，可装楔形塞尺，检测镜，活动锤头等，是辅助检测工具	使用时首先要注意锥体与锥孔配合要紧密，如发现松动，不得使用；其次，伸缩接杆和旋转锁紧器时不能用力过大，以免毁坏伸缩杆	
焊缝检测尺	检测钢筋折角焊接后的质量	使用时应首先把咬边尺对准"0"，并紧固螺丝，然后滑动高度尺与焊点接触，高度尺的所指示值，即为焊缝高度	
水电检测锤	使用于检测水电管道安装、地面装饰等工程，利用敲击振动的声响，来判断物体的牢固程度及施工质量	—	
响鼓槌（锤头重 25 克）	轻轻敲打抹灰后的墙面，可以判断墙面的空鼓程度及砂灰与砖、水泥冻结的黏合质量	将响鼓槌对着要检测的物体轻轻敲打，听其发出的声音，判断其空隙是否符合要求	
钢针小锤（锤头重 10 克）	钢针小锤是用来检验物体与物体之间的黏合度的减量工具	检验时，用小锤轻轻敲打受检物品，判断空鼓程度及黏合质量，还可以拨出塑料手柄，用里边的尖头钢针向被检物上戳几下，可探查出多孔板缝隙、砖缝等砂浆是否饱满。锤头上 M6 螺孔可安装在伸缩杆或对角检测尺上，便于高处检验	

第二节　如何进行质量检验

质量检验的一般步骤

检验人员在进行质量检验时，可按照以下步骤进行。

一、质量检验的准备工作

质量检验人员在进行检验时，首先要熟悉检验标准和技术文件规定的质量特性和具体内容；将质量特性转化为可直接测量的物理量，或者采取间接测量方法并进行换算以得到测量项目的量值；还要分析符合质量标准的实物样品作为检验时测量的依据。其次要确定检验方案，并将确定的检验方法和方案用技术文件形式做出书面规定。此外，还要准备好检验要用到的文件和检验器具。检验前准备的检验文件包括检验规范、检验标准、检验指导书、检验记录卡等。检验员要熟悉这些文件中对产品名称、质量特性、参数、公差要求等的表述和规定；选择的检验仪器、检验设备以其他检验工具的精确度要高于产品公差要求 5~10 倍；还要做好检验状态标识，包括"合格"、"不合格"、"待检"、"待判"四种，以便检验员将产品检验及判断之后，分别放置于以上四种检验状态的标识中。

二、对产品进行检查

按照确定好的检验方案，利用相应的检验工具，对产品进行观察、测量和试验，得到需要的量值和结果，进行比对，并将产品的质量情况填入质量标识卡中。在检验过程中，检验人员还要时刻注意检验器具和标准样品是否处于正常状态，保证测量和试验数据的正确有效。

三、对检验结果进行记录

首先，检验人员要将产品测量的条件、测量得到的量值和观察得到的技术状态记录下来。其次，质量检验记录是证实产品质量的证据，所以要求检验人员在记录时要本着客观真实的原则，按照记录规范和要求清晰、整齐地记录；如果要修改所做记录，应按照规定的程序和要求进行办理，切忌随意涂改。此外，为了明确责任，检验人员还应对检验日期、班次和受检员工做详细记录并签名。

四、判定产品的质量

检验人员要将检验的结果与规定要求进行对照比较，确定产品的质量特性或产品的测量值是否符合规定和相关要求，从而判定被检验的产品是否合格。

五、针对产品的质量状态进行处理

检验人员要认真核准检验记录和判定结果并签字确认。对符合质量要求的产品，要及时转入下一道工序或通知入库、出厂；对不符合质量要求的产品要按照企业规定的不良产品的处理规定进行处理，例如返修、返工、让步接收、报废处置或复检等。

质量检验的常用方式

产品质量检验通常可以采用全数检验、抽样检验等多种检验方式进行。

一、全数检验

1. 什么是全数检验

全数检验又称全面检验或100%检验，简称全检，是指对待检产品（批）100%地逐一进行检验。

2. 全数检验的使用范围

全数检验的方式通常适用于以下几种情况：

（1）手工操作比重大，质量不稳定的工序。

（2）对下道或后续工序影响较大的尺寸部位。

（3）精度要求高的产品和零部件。

（4）采用挑选型抽样方案时，对于不合格的交验批次，要进行100%的重检和筛选。

（5）一些批量不大，质量方面无可靠保证的产品（包括零部件）和工序。

（6）具有破坏性检验的检验项目。有些产品的检验带有破坏性，就是产品检验后本身不复存在或是被破坏得不能再使用了。如炮弹等军工用品、热处理后零件的性能、电子管或其他元件的寿命试验、布匹的材料强度试验等，都是属于破坏性检验。

3. 全数检验的优点

全数检验的检验方式比较可靠，如果企业希望检查得到100%的合格品，唯一可行的办法就是进行全检，甚至一次以上的全检。

4. 全数检验的缺点

全数检验有其固有的缺点，主要表现在以下几个方面。

（1）全数检验的工作量比较大。

（2）全数检验的周期比较长。

（3）要求的检验人员和检验设备较多，成本较高。

（4）由于检验人员长期重复检验的工作，工作枯燥，容易疲劳，同时又受检验人员技术检验水平的限制，检验工具的迅速磨损，可能会使错检或漏检的现象增多。据国外的相关统计，这种漏检率和错检率有时可能会达到10%~15%。

二、抽样检验

1. 什么是抽样检验

抽样检验，简称抽检，是指根据数理统计原理所预先制定的抽样方案，从待检总体（一批产品、一个生产过程等）取得一个随机样本，对该样本中个体的质量特性逐一进行检验，获得样本统计值，按照规定的判断准则，判定整批产品的质量是否合格，并决定是接收或拒收、受控或失控等。

2. 抽样检验的特点

（1）样本作为批的代表，应能按相等的概率从产品中抽取。

（2）应有明确的判定准则和抽样检验程序及方案，无论检验者是谁，都应以同样的方法进行。

（3）按事先确定的抽样方案，从产品批中抽取单位产品组成样本并进行检验，用样本检验结果与批的判定准则和 Ac（或 C）做比较，判断批产品合格或不合格。

（4）抽样检验存在错判风险。

3. 抽样检验的使用范围

抽样检验的应用十分广泛，在全数检验不必要、不经济或无法实施的情况下需要用到抽样检验的检验方式。一般情况下，抽样检验适用于以下几种情况：

（1）外协件、外购件成批的验收检验。

（2）带有破坏性检验的产品和工序。

（3）产品的生产批量大，生产过程的自动化程度较高，产品质量比较稳定的产品或工序。

（4）检验项目较多。

（5）检验成本或工序的成本较高。

（6）某些产品和工序的生产效率高，检验时间较长。

4. 抽样检验的优点

采用抽样检验的检验方式可能会有一定的风险，但是抽样检验明显节约了检验的工作量，缩短了检验周期，减少了检验成本。尤其是进行破坏性检验时，只能采用抽样检验的检验方式。

5. 抽样检验的缺点

抽样检验的缺点主要表现在以下两个方面：

（1）由于抽样检验不全面，被判定为合格的总体可能会混淆一些不合格产品。

（2）由抽样检验的结果判定的整批产品，可能会将合格的整批产品错判为不合格批，或者将合格批判为不合格批，对企业造成很大的损失。

如何进行产品质量日常检查管理

为了避免由于作业人员的疏忽导致质量不良的现象，班组长要在生产操作、质量管理、工作现场、设备维护等方面加强管理，对产品质量进行必要的日常检查，使全体员工重视质量管理，提高作业人员的质量意识。班组长对产品质量进行日常检查的具体方法有以下几点。

一、对作业场所的检查

班组长可邀请部门主管或车间主任定期对作业场所进行检查。可以每半个月检查一次，保证每月至少检查一次。班组长还要对新进员工进行专门的检查，亲自指导新进员工按照作业标准进行操作。检查完之后，班组长还要制定工作检查表。

二、对生产操作的检查

班组长可以以每周 3 次的频率对本班组成员进行检查，每次检查 2~3 人。

三、自主检查

企业应设立班组自主检查站，要求班组成员在每周检查站点进行自主检查，每周应检查 2~3 次，并视情况调整检查频率。

四、对进料进行的检查

质量管理部门应组织专门的检查小组不定期检查提供原材料的厂商，查看其生产过程以及最终原材料是否符合质量标准，并制作质量检查表。

五、对物料进行检查

质量管理部应定期对加工品、半成品、成品以及原材料等进行检查，可以每周检查一次，制作质量检查表。

六、对机器设备的检查

班组长还应每周对本班组负责的机器设备进行维护检查，频率可以是每周 2 次，每次 2~3 台设备。

怎样在班组推行"三检制"

一、什么叫"三检制"

质量管理的"三检制"指的是操作人员自检、员工之间互检和专职检验人员专检相结合的一种质量检验制度。这种三结合的检验制充分体现了员工主人翁的意识，有利于调动员工的生产积极性，培养员工参与企业质量检验工作的责任感。所以，班组长要把"三检制"的内容掌握好。

1. 自检

自检就是生产人员对自己所生产的产品，根据图纸、工艺和技术标准自行检验，并做出是否合格的判断。

自检就要求生产人员对自己生产的产品具有高度负责的态度，可以充分、及时地了解自己生产产品的状况和质量，及时发现问题，寻找原因，并积极采取改进措施，这是员工参与质量管理的重要形式，它为后面的质量检验打下了坚实的基础。

2. 互检

互检就是员工之间对产品进行相互检验，主要包括下一道工序对上一道工序流转过来的在制品进行抽检，同一工序交接班时进行的相互检验，班组质检员或班组长对本班组员工加工的产品进行抽检等。

互检不仅可以防止不良产品的延续，实现相互监督、共同进步，而且可以提高员工的团队合作能力，加强员工之间的相互交流。

3. 专检

专检就是由专业质检人员进行的检验，是标准、权威的检验，是自检和互检不能替代的。专业检验人员比一般员工都要熟悉产品技术要求，其工艺知识和经验丰富，检验技能熟练，效率较高，检验结果比较正确可靠。

同时，由于专业检验人员的职责约束，以及和受检对象的质量无直接利害关系，其检验过程和结果比较客观公正，是产品质量最有力量的检验，所以，"三检制"必须以专业检验为主导。

二、实施

（1）合理确定自检、互检、专检的范围与步骤，要按规定进行。

（2）在生产工人的岗位责任制中对自检做出明确规定。

（3）提供标准的检验规定和检验工具。

（4）对自检、互检结果进行详细记录，要有检验人员的签名。

（5）要有考核方法，要列入生产工人经济责任制考核内容，做到有奖有罚。

三、应坚持的原则

（1）落实到位，不做表面功夫。

（2）重点检查班中情况，经常进行督促、监护。

（3）加强安全教育，让班组成员深刻意识到产品质量的重要性。

（4）要持之以恒，常抓不懈，不能抱着随意的态度。

如何进行质量的目视管理

一、什么是目视管理

目视管理是利用形象直观、易于识别的视觉感知信息（如图像、标签、显示装置、卡片等）来组织现场生产活动，达到实现生产现场各项专业管理目的的一种实用性较强的管理方法。

二、目视管理的原则

1. 实用性原则

目视管理首先要结合自己的实际情况，讲究实效，注重效果，切忌照搬照抄，搞形式主义。

2. 标准化原则

在目视管理中，要采用规范化与标准化的色彩、图像、卡片、标牌、表格等视觉标识，使现场每个工作人员都能识别，产生统一的理解，而不能随意创造。

3. 群众性原则

群众性原则是指目视管理需要现场的作业人员去认识、去控制、去管理。所以，目视管理的内容必须为广大群众所接受，用到的图像、卡片、标签等必须是广大员工喜闻乐见的。

4. 激励性原则

目视管理通过视觉感知信息告诉现场所有的作业人员，在生产系统运行的过程中自己应干什么、应达到什么程度、目前干得怎么样、谁是动力、谁是阻力、谁的违章行为影响了产品的产量与质量、谁的创造性劳动使现场生产管理迈上了一个新的台阶等，以此鼓励先进、鞭策后进。

三、目视管理的内容

人员、设备、物料、制度、环境贯穿生产系统的全过程、各个环节。因此，目视管理要以这些要素为对象，以实用性为前提，对生产现场进行连贯、全面的管理。

1. 对人员的目视管理

班组长要针对本班组的生产任务，与班组成员进行讨论，制定相应的行为规范，将行为规范简化成标语或顺口溜（口号）贴在醒目的位置。班组长还要监督班组成员是否严格按照这些行为规范进行工作。如有违反，班组长要对其进行处罚。

2. 对设备的目视管理

对设备进行目视管理是为了对生产现场的机器设备正确地、高效率地实施清扫、点检、加油、紧固等日常保养，防止因设备老化、出现异常等影响制程或产品的质量。那么应怎样对设备进行目视管理呢？

（1）在机器设备上需要进行定期维护保养的部位用颜色标贴明确标出来，如管道、阀门等部位。

（2）在泵上、马达上使用温度感应标贴或温度感应油漆，便于迅速发现发热异常。

（3）为了掌握设备是否正常运转或供给，可以在设备旁边设置小飘带、小风车、连通玻璃管。

（4）在各类盖板的极小化、透明化的部位，特别是驱动部分下功夫。

（5）用颜色标识计量仪器类的正常/异常范围、管理界限。如绿色表示正常范围，红色表示异常范围。

（6）在设备上标出其应有周期和速度，随时掌握设备是否按要求的性能、速度运转。

3. 对物料的目视管理

在生产管理中还需要对生产现场的各类物料进行目视管理，如需要对物料、在制品、消耗品、最终产品等进行管理，以有效防止许多"人的失误"的产生，从而减少质量问题发生。那么具体应该怎样对物料进行目视管理呢？

（1）用鲜明的颜色对合格和不合格产品进行区分，防止误用不合格产品。

（2）对重要的物料要在其上方悬挂比较图，说明其区别和要点。

（3）有些物料放置过后，要写明名称、型号、暂放时间、管理责任人员等。可以采用上下限的样板判定方法，防止误用。

4. 对制度的目视管理

班组长要将颁布的各项规定（生产中的规章制度、作业规程、定额标准、岗位标准等）尽可能布置在操作者的周围，时刻提醒作业人员按照规章制度进行作业。

5. 对环境的目视管理

班组长可以在本班组的生产场所内，采用醒目、标准化的信息符号将各种区域、通道、器具位置标示出来，或者还可以标示在定置平面布置图中，各种区域的标志线、标志牌和彩色标志必须正确无误地在适宜的位置上标示出来。

四、班组常用的目视管理方法

（1）用图片、相片作为操作指导书，直观易懂。

（2）用标语的形式指示重点注意事项，悬挂于显要位置，便于员工作业。

（3）以图表的形式反映某些工作内容或进度状况，便于人员了解整体情况和跟进确认。

（4）以顺序数字表明检查点和进行步骤。

（5）关键部位给予强光照射，引起注意。

（6）用彩笔在螺钉、螺母上做记号，确定固定的相对位置。

（7）把小纸条挂在出风口，显示空调、抽风机是否在工作。

（8）设置"人员去向板"，方便安排工作等。

（9）可以将一些工具放在有阴影或凹槽的放置盘里，使各类工具、配件的放置一目了然，各就各位。

五、目视管理的基本要求

在生产现场推行目视管理的工作中，应从实际出发，有重点、有计划地逐步展开，遵循统一、实用、简约、严格、鲜明的基本要求。

1. 统一

统一即目视管理要实行标准化，清除五花八门的杂乱现象。

2. 实用

实用就是要使目视管理不摆花架子，少花钱、多办事，讲究实效。

3. 简约

简约就是要使目视管理各种视觉显示信号易看易懂，一目了然。

4. 严格

严格就是要使目视管理的参与人员，必须严格遵守和执行有关规定，有错必纠，奖罚分明。

5. 鲜明

鲜明就是要使目视管理各种视觉显示信号清晰，位置适宜，使生产现场人员看得见、看得清。

质量检验指导书的编写

一、什么是检验指导书

检验指导书，又称检验规程或检验卡片，是指在质量检验时，为重要组成部分和关键作业过程的检验活动提供具体操作指导，指导检验人员规范、正确地实施产品和过程完成的检查、测量、试验的技术文件，它是产品检验计划的一个重要部分。

二、检验指导书的作用

检验指导书可以为检验人员提供检验依据，对检验人员的检验行为起到规范的作用，能够有效地防止错检、漏检等现象发生。

三、检验指导书的基本内容

一般情况下，检验指导书包括以下基本内容：

1. 检验对象

检验指导书应首先注明受检产品的名称、图号及其在检验流程图上的位置（编号）。

2. 检验方法

检验指导书中应该规定该项产品或工序的检验方法，如要具体说明检验技术要求、检测频次、检测程序与方法、抽样检验的有关规定及数据、检测中的有关计算方法等。

3. 检测手段

在检验指导书中要明确规定检测使用的工具、设备及计量器具。

4. 质量特性

在检验指导书中要规定检验的项目、需鉴别的质量特性、规范要求、质量特性的重要性级别、所涉及的质量缺陷严重性级别。

5. 检验判定

在检验指导书中要标明判断标准的理解、判定的原则与注意事项、判断比较的方法、不合格产品的处理程序及权限。

6. 记录与报告

除上述需要明确表明的内容外，还需指明要记录的事项、方法和记录表单，规定要求报告的内容与方式、程序与时间要求。

7. 其他的相关说明

其他的相关说明包括检验指导书的运用范围、检验监管流程以及相关表单等。

四、编制检验指导书的要求

在编制检验指导书时，应注意以下几点要求：

（1）在编制检验指导书的测量工具或仪器一项中，必须结合产品的质量特性以及其他要求选择合适的测量工具或仪表，还要标明其编号、型号和规格，必要时还要说明其使用方法。

（2）如果需要采用抽样检验的检验方式，应附有正确的抽检方案，在抽检方案中要根据具体情况及不合格严重性分级确定可接受质量水平 AQL（接收质量限，Acceptance Quality Limit，即当一个连续系列批被提交验收时，可允许的最差过程平均质量水平）值，正确选择检查水平。

（3）编制时，对质量特性的技术要求要表述明确，内容具体，语言规范，使操作和检验人员容易掌握和理解。

质量检验管理制度

一、建立质量检验制度的目的

建立质量检验制度的目的是规范质量检验活动，加强检验管理，强化质量检验的职能，确保产品符合各项要求。

二、质量检验管理制度的适用范围

适用于企业的进料检验、外购零部件检验、制程检验和最终产品检验的所有检验工作。

三、质量检验管理制度下各部门的职责

质量管理部是质量检验的职能部门，负责外协件检验、过程产品检验、成品的检验以及记录检验结果。

（1）质量管理部负责人负责产品检验的控制以及不合格产品的评审和处置的控制；做好检验人员的管理工作；负责设立检验点；此外，还要做好检验工具的管理工作。

（2）检验人员要服从质量管理部领导的各项安排，认真做好各项检验工作。

（3）生产部、仓库管理部及其他相关部门要配合质量检验工作人员做好质量检验工作。

四、检验依据

进行质量检验时应首先确定检验依据，检验依据可以按照国家标准、企业标准、技术文件、检验规程、合同、协议等。检验人员应根据确定的检验依据明确检测点、检测项目、检测方法、使用的检测设备、抽样方案等。

五、质量检验标准的规定

1. 三级检验标准的相关规定

（1）进料检验。要做到"件件合格、台台合格、批批合格"，如果进料只能使用抽样检验，就必须提前做好科学可靠的抽检方案和验收制度。

（2）过程检验。要检查生产产品的工序是否符合要求，尤其是对关键工序的检查，防止不合格产品流入下道工序。

（3）最终检验。首先要检查产品的外观是否符合要求，如果不符合要退回生产部进行重新加工处理；对合格的产品要进行性能测验，看其是否符合质量标准，如果不符合，要做报废处理。符合质量标准的产品就可以出厂或送入仓储部门进行妥善保管。

2. 严格执行质量检验标准

（1）在进行质量检验前，质量检验人员要熟悉质量检验工具以及该产品的检验要点。

（2）质量检验人员在检验时要严格遵守产品质量检验规范以及该产品的质量指标，不能根据已有的经验判断产品是否合格。

（3）质量检验人员在检验时要保持良好的状态，不能因马虎、粗心大意造成错检、漏检的现象。

六、不合格产品的控制管理

1. 不合格进料的管理

（1）如果在进行进料检验时发现采购的进料质量不合格，检验人员要对其标识、隔离放置和记录。

（2）检验人员要及时报告进料不合格的实际情况。由质量管理部的工作人员和技术人员对进料的不合格性质进行评审，评审后做出处置意见，进行退货或换货处理。

2. 不合格半成品的管理

质检员要根据标识规定对日常单件不合格产品进行标识、记录和隔离，定期对日常单件不合格产品的实际情况集中进行评审，并依据评审结果追究责任。如果是批量（200件）半成品不合格，要交由质量管理负责人员对其不合格性质进行评审并进行处置，填写不合格产品处置单。

3. 最终产品的不合格产品管理

质检员要对单件不合格的产品进行标识、记录和隔离。质量管理部门要定期组织评审会议对不合格产品的不合格性质进行评审，相关人员按评审意见对不合格产品进行处置，处置情况填写不合格产品处置单。如果是批量不合格产品，应交由质量管理部组织相关人员进行评审分析，并进行合理处置，填写不合格产品评审处置单。

七、提高检验质量的规定

1. 重复检查

重复检验就是检验人员在自己检查过的基础上再进行一次检验，可进行1~2次，查明已检验过的合格品中有多少不合格产品及不合格产品中有多少合格品。这样可以减少错检或漏检率。

2. 复核检查

复核检查就是指检验人员检查过后，请技术较高的人员对自己的检查成果进行复核。

3. 改变检验程序

为了提高检验质量，检验人员可以在第一次检验的基础上，利用精度更高的检测手段进行重检，以发现第一次检验误差的大小。

八、检验时可能用到的相关文件

检验人员在检验前应准备好检验可能用到的相关文件：《不合格产品控制程序》、《产品验收规范》等。

产品抽检管理制度

一、制定产品抽检管理制度的目的

制定产品抽检管理制度的目的是规范抽样检验的工作，保证抽样检验符合相关要求和规定。

二、产品抽检管理制度的适用范围

适用于所有需要进行抽样检查的检查工作。如批量采购、外协产品、加工制造过程中的批量产品以及具有破坏性的产品都必须进行抽样检验。

三、各作业人员的职责

（1）产品装配和包装质量抽检的组织实施由质量管理部经理负责。

（2）进行质量检查的巡检员要负责进行定期抽检并做好检验记录。

（3）生产经理、车间主任等相关人员要配合抽检工作，积极参与进来，并解决抽检过程中发现的各种问题。

四、各类抽检的相关规定

1. 进料的抽检

（1）如果一次检查的产品在 100 件（含 100 件）以上，就要抽取 10% 的产品作为样本进行检查；如果一次检查的数量在 50~100 件范围内（含 50 件），则按照 15% 抽样检查，一次检查的数量在 50 件以下，则按照 20% 抽样检查。

（2）按照 10% 抽查时，如果发现有 5 件产品不符合标准要求，则视为不合格产品，如果存在 2~4 件不合格，要加倍抽检，再从整批产品中抽取样本，再次进行检查，再次检查中有 2 件以上不符合标准要求，则视为不合格产品；按 15% 的抽样检查发现有 2 件或 2 件以上不合格，再增补两件进行检查，若再出现不合格产品时，则视该产品为不合格产品。

（3）质检员要自行从该批量进料中抽取，不应由其他人员代替或送检。

2. 生产过程中的抽样检查

（1）在对生产过程中的半成品进行抽样检查时，检查数量在 100 件（含 100 件）以上按 10% 抽样检查；检查数量在 100 件以下 50 件（含 50 件）以上的则按 15% 抽样检查；如果检查数量少于 50 件，就要抽取 20% 的产品进行检查；如果检查数量在 10 件以下，就要进行全检。

（2）如果按照 10% 抽查检查时，发现了 5 件不符合标准要求的半成品，就要再随机抽取 15 件样品进行检查，如果再检中发现不合格产品占抽样数量的 50% 时，则判定这批生产过程中的半成品不符合质量要求。

如果按照 15% 抽样检查的半成品发现有 1 件以上（含 5 件）不合格时，就要再从整批半成品中抽取两件进行再次检查，如果出现不合格，则判定该批产品不合格。

（3）质检员要自行从该批量产品中抽取，不应由其他人员代替或送检。

3. 成品出厂时的抽样检查

（1）成品出厂时，无论有多少产品，都要抽取 15% 的产品作为样本，进行检查。

（2）如果在抽样检查中，发现有 5 件不合格，就要再从整批产品中抽取

10 件进行检查，如果再次发现存在不合格，则判定该批产品为不合格产品。

（3）质检员在进行抽检时，不得由其他人员代替或送检。

附一：质量检验指导书范本

表 6-2　质量检验指导书范本

检验项目	检验内容	质量要求	检验方法	检验频次
材质	面板	面板材料：亚克力+ABS，厂家提供材料清单	目测	抽检
尺寸	尺寸符合图纸要求	尺寸符合图纸要求，线长 200/550/700 毫米	卡尺	抽检
外观		1. 标识、尺寸、颜色符合封样 2. 底盖和盖板咬合牢固，缝隙均匀，无缩水，表面和边缘无毛刺 3. 透明窗无色透明，表面无杂色、污物和划痕 4. 信号线与控制盒出口处牢固，牵扯信号线不损坏接线端的焊接处 5. 运行参数都能显示和设置，所有界面符合《操作指导》	目测	抽检
性能		1. 各功能按键表面平整，操作灵活，运行/故障指示灯显示正常 2. 液晶显示屏无气泡、划伤，显示清晰、无频闪、黑点、缺段 3. LED 显示正常，通电时图形能全显示 4. 装机带除尘器拉弧试验，控制无异常，液晶显示屏无花屏、死屏 5. 运行参数都能显示和设置，所有界面符合《操作指导》 6. 带包装从 5 个不同的方向自由落下 10 毫米的木板上，无异常 7. 在温度 40℃、湿度 85%及温度-20℃、湿度85%的环境下放置 24h，无异常 8. 高、低温循环：在-20℃和 40℃的环境下连续运行 5 次无异常	测试装置	全检
包装		采用专用箱盛装，装后应用具有防护功能的珍珠棉泡沫或塑料泡沫气泡袋或纸质件将每件单一隔离或包装，不同规格和不同型号的产品不能混装	目测	抽检或全检
其他		技术文件规定的其他要求要符合技术文件规定的要求	按技术要求测试	抽检

附二：质量检验实用表单

表6-3 进料检验报告表

进料检验报告表					
公司名称：				制表日期：	
进料名称				采购单号	
进料编号				交货数量	
检验记录	检验项目	样本数量	不合格数	是否合格	检验员	备注
检验结果	□ 接受 □ 接受，减扣货款		□ 检验不合格产品作为合格品补足后验收 □ 退货		

表6-4 进料检验验收单

进料检验验收单					
公司名称				日期	
供应商名称		订单编号		发票号码	
物料名称		购进数量		实收数量	
检验项目	质量要求	检验项目	数量	判定（是否合格）	
抽样数量		不合格数量		不合格率	
检验结果判定	严重		一般		轻微
处理方式	□ 允收 □ 拒收 □ 全检 □ 让步接收				
备注					
检验人：		主管：		质量控制人员：	

表 6-5　成品检验记录单

成品检验记录单			
公司名称			日期：
产品名称		规格型号	
生产单位		收货日期	
成品数量		检验数量	
检验方式			
检验项目	标准要求	检验结果	是否合格

检验结论：
□ 合格　□ 不合格
检验员：　　　　　　　　　　　　　　　　　　　日期：

不合格品处置：
□ 让步接收　□ 返工　□ 返修　□ 降级　□ 报废

表 6-6　不良产品清退明细表

不良品清退明细表							
订单号	型号	规格	不良数	不良率	不良原因	有无补回	日期

部门：　　　　　　　　　　责任人：　　　　　　　　　　日期：

第七章 持续改进质量：用科学方法改进作业的质量

第一节 QC小组的建立与管理

什么是QC小组

一、QC小组的来历和引进

"QC"是全面质量管理的简称。QC小组是日本在20世纪60年代首创的，并在企业的全面质量管理工作中广泛开展和运用。

随着我国社会经济的飞速发展和全面质量管理的导入，20世纪80年代，QC小组活动正式引进我国。到了20世纪90年代，我国由国家经贸委、财政部、中华全国总工会、共青团中央、中国科协、中国质量管理协会联合颁发的《印发（关于推进企业质量管理小组活动意见）的通知》中对QC小组做了定义：QC小组是"在生产或工作岗位上从事各种劳动的职工，围绕企业的经营战略、方针目标和现场存在的问题，以改进质量、降低消耗、提高人的素质和经营效益为目的组织起来，运用质量管理的理论和方法开展活动的小组"。随着QC小组的推广和普及，它已经成为我国现代企业质量管理活动中不可缺少的重要组成部分。

二、QC 小组的特征

1. 群众性

QC 小组的组成成员不但包括企业领导、技术人员和管理人员，还包括生产、服务的一线员工，其主要内容是让员工在小组中学技术，学管理、共同分析问题、解决问题。因此，QC 小组是吸引广大员工以及其他群众积极参与质量管理的有效形式。

2. 民主性

QC 小组的组长可以由小组成员轮流担任，民主推选，充分发挥每一位员工的才能和智慧。QC 小组的民主性还表现在小组内讨论问题时，小组成员不论职位，不分技术高低，踊跃发言，各抒己见，高度发扬民主，以更好地解决质量问题。

3. 自主性

QC 小组的组建以自愿为基础，员工可以自愿参加，实行自主管理，自我教育。

4. 科学性

QC 小组的组建和小组活动的实施都要遵循科学程序，不由"想当然"或个人意志为转移，在活动中，要坚持用数据说明事实，用科学的方法深入分析问题，解决问题。

三、QC 小组的分类

1. 现场型 QC 小组

组建现场型 QC 小组的目的是稳定工序质量，提高产品质量，降低物资消耗和改善生产环境。

2. 攻关型 QC 小组

攻关型 QC 小组可以跨班组、跨单位组合，一般是由管理人员、工程技术人员和普通的作业人员组成的。这类 QC 小组的课题难度一般较大，活动周期比较长。

3. 管理型 QC 小组

管理型 QC 小组是以提高管理水平和工作质量为目的而组建的质量管

理小组。

4. 服务型 QC 小组

服务型 QC 小组由从事服务性工作的员工为主组成，目的是提高服务质量，推动服务工作标准化、程序化、科学化，提高经济效益和社会效益。

如何科学组建 QC 小组

QC 小组必须在科学的基础上，结合企业自身的实际情况组建。一般情况下，QC 小组的组建要考虑以下几个方面的内容：

一、QC 小组的组成

一个 QC 小组的成员应以 4~10 人为宜，而且一个人可同时参加多个 QC 小组。一个 QC 小组里既有一线员工，又有管理人员和领导，这是最好的组成形式。小组的组长要由成员共同推举产生。组成一个 QC 小组后要在专门的管理部门进行登记。

二、QC 小组组长的职责

QC 小组的组长要有一定的组织和管理能力，并在组织活动中锻炼自己，提高自身能力，引导小组成员解决各类质量问题。

那么，QC 小组的组长有哪些职责呢？

（1）抓好质量教育，组织小组成员学习有关业务知识，不断提高小组成员的质量意识和业务水平。

（2）组织小组成员制订活动计划，进行工作分工，并带头按计划开展活动。

（3）经常组织召开小组会议，研究解决各种问题，做好小组活动记录，并负责整理和发表成果。

（4）团结小组成员，充分发扬民主，为小组成员创造宽松的环境，增强小组的凝聚力。

（5）负责联络协调，及时向上级主管部门汇报小组活动情况，争取支持和帮助。

三、企业要重视 QC 小组活动的组建

企业领导应重视企业内部 QC 小组的组建，并积极参与到小组活动中去，充分调动员工的积极性，从而做到从上到下全员参与，真正贯彻"质量第一"的观念，使 QC 小组更深、更广、更持续地开展。如企业可以提供专门的 QC 小组活动园地，张贴小组活动的结果，以利于各小组的经验交流，确认小组活动的进展；还可以成立专职管理部门，加强对 QC 小组活动的指导等。

开展 QC 小组活动的基本条件

开展 QC 小组活动应满足以下几方面的条件。

一、企业领导的支持和重视

企业领导应鼓励员工广泛开展 QC 小组活动，关心活动的过程和成效，在时间上和工作绩效中体现出参与 QC 活动者的价值和意义。如主动加入小组活动中参与讨论；制定专门的与 QC 小组活动有关的政策和规定；将 QC 小组纳入企业质量工作计划；定期对 QC 小组活动的结果进行总结，并在会议上积极宣传 QC 小组活动的意义。此外，企业领导还应为 QC 小组活动的开展创造良好的环境，在企业内部形成推动开展 QC 小组活动的气氛。

二、员工要对 QC 小组活动有充分的认识

员工必须对 QC 小组活动有充分的认识，了解 QC 小组活动的实施步骤。为此，企业可以通过开展质量管理教育、QC 小组活动宣传会议等提高员工的质量意识、问题意识、改进意识和主动参与的意识，使企业的 QC 小组活动建立在较广泛的群众基础上。

三、培养一批 QC 活动的骨干

骨干是带领周边人共同努力做好工作的中坚力量。在开展 QC 小组活动的工作上也不例外，有了骨干，可以带动周边的员工不断提升质量意识、参与活动的欲望、发现问题和解决问题的能力等。因此，企业要善于在质量工作中及时发现一些质量意识较强、热心于不断改进质量的积极分子，有意识地对他们进行培养教育，使他们比别人先学一步，多学一些，既掌握质量管理理论，又会运用 QC 小组活动的有关知识和方法，还知道应如何组织好

QC 小组活动。

四、建立 QC 小组活动的规章制度

企业要把 QC 小组活动作为质量体系的一个要素，建立一套规章制度，使 QC 小组活动的组织管理本身达到符合质量要求的管理标准。制度要明确规定 QC 小组的组建、注册登记、管理、培训、活动、成果发表、评选和奖励等各项工作，让 QC 小组活动有章可循。

怎样实施 QC 小组活动

组建 QC 小组之后，就要从选题开始，开展活动。企业可以按照以下步骤实施 QC 小组活动：

一、选择课题

一般来说，QC 小组的选题范围涉及企业各个方面的工作。选择课题时应根据企业方针目标和中心工作，仔细查找生产现场存在的薄弱环节，结合用户或下道工序的需要进行选择。因此，选题的范围非常广泛，大概有以下几个方面：

（1）提高质量。

（2）降低成本。

（3）加强企业内部管理。

（4）设备管理。

（5）提高顾客（用户）满意率。

（6）安全生产。

（7）治理"三废"，改善环境。

（8）提高出勤率、工时利用率和劳动生产率，加强定额管理。

（9）开发新产品，开设新的服务项目。

（10）加强思想政治工作，提高员工素质。

二、确定目标值

确定课题后，接下来就要确定合理的目标值。确定目标值时要注意以下两个方面：

（1）确定目标值时要注重目标值的定量化。定量化能使小组成员有一个明确的努力方向，便于检查，活动成果便于评价。

（2）要注重实现目标值的可能性，如果目标值定得太低，容易使小组活动缺乏意义，而如果目标值定得太高，员工达不到目标要求，就容易失去信心。

三、对现状进行调查

调查现状是为了更加了解课题的状况。调查时应根据生产现场的实际情况，应用不同的调查表、直方图、排列图、柱状图、管理图、折线图、饼分图等不同的 QC 工具进行数据的搜集整理。

四、分析原因

QC 小组组长要组织小组成员根据调查后掌握到的现状就选择的课题进行分析，可以通过开各式各样的分析会议，发动组员依靠掌握的数据动脑筋、想办法，集思广益，选用适当的 QC 工具进行分析，找出问题的原因。

五、找出主要原因

组长要将多种原因列举出来，按照其重要程度进行排列，从中找出主要原因。在寻找主要原因时，可根据实际需要应用关联图、相关图、矩阵分析、排列图、分层法等不同分析方法。

六、制定措施

找到了主要原因之后，就要制定相应的措施计划，在计划中注明解决问题的具体措施和要达到的效果，此外，还应明确规定解决问题的具体人员、具体时间以及检查人员。

七、实施措施

组长要按照制定好的措施计划分配工作，组织组员实施计划。在实施过程中，还要针对发现的新问题及时研究，采取相应的措施，定期或不定期地了解实施进展，以达到预期目标。

八、检查效果

措施实施后，应将实施效果与措施实施前的情况进行对比，判断是否达到了预期目标。如果确定实施后的效果达到了预定的目标，就可以进行下一步工作了。如果没有达到预期目标，应对计划的执行情况及其可行性进行分析，找出原因，改进措施，重新实施新的措施。

九、制定巩固措施

如果实施效果达到了预期目标，表明该课题顺利完成。这时，小组要将实施过程中一些行之有效的方法经审核后纳入工作标准、工艺规程、管理标准及其他相关文件中或制成新的标准文件，以此巩固实施成果。如果选择的课题只涉及本班组，班组长就可以将其纳入班组守则、岗位责任制等相关文件中。

十、分析遗留问题

完成课题后，有时可能会发现或遗留一些问题。这时，组长应对这些问题进行分析，可以将其作为下一次活动的课题，开展新的 QC 小组活动。

十一、总结成果

完成一次课题，组长就要针对活动成果进行总结，让小组成员发表自己的心得，分享经验，提高组员的质量意识。

怎样进行 QC 小组激励

激励，是激发人的动机或行为的一个心理过程。为了使 QC 小组活动进入良性循环，持续有效地促进企业的发展，企业就应在对 QC 小组活动成果进行评价、推广应用的同时，对 QC 小组活动进行激励。企业或班组可以采用以下几种方式激励 QC 小组活动。

一、理想与目标激励

理想与目标激励就是帮助员工树立个人理想和社会理想，为 QC 小组活动制定一个明确的目标，并将二者结合起来。有理想才能制定目标，有了目标，才会有实现理想的决心，才能产生动力。

二、组织激励

绝大多数员工都具有渴望得到提拔和承担更重要工作岗位的意愿，以证明自己存在的价值和能力。而组织激励就是利用这一点，运用组织责任及权利对开展活动的优秀者进行提拔和让其承担更大的责任。如企业可以将 QC

小组成员取得的各类、各级成果，荣誉证书等，作为晋升职称的依据和考取更高一级职业资格等级的重要凭证，或者以此作为单位选拔人才、任用干部的重要参考。组织激励更能调动那些优秀员工的工作热情和积极性，同时也是对那些表现一般、没有受到奖励的员工的一种鞭策。

三、物质激励

物质激励的激励效果较为明显，是企业最常采用的激励方式。物质奖励可以是奖品、奖金、旅游等。

四、关怀与支持激励

企业领导对活动的重视、关心和支持属于关怀与支持激励。QC 小组组长应向单位负责人汇报 QC 小组成员所取得成果和工作表现，企业领导应不定期地与 QC 小组成员进行交流，了解活动开展的进度和效果，对他们的工作给予肯定，并关心他们的生活，使他们更具活力，更加踊跃。

五、荣誉激励

荣誉激励就是要对表现优秀的 QC 小组和做出成绩的优秀员工进行奖励，予以表彰。荣誉激励可以是授予其荣誉称号，为其颁发荣誉证书等，这样可使小组每个成员都为获得这一荣誉而感到自豪，同时也会为维护这一荣誉而努力。

六、培训激励

培训激励就是指对那些在活动中好学上进、积极热情、富有创造性、求知欲望强的优秀人才和骨干进行培训。还可以从 QC 小组中选派优秀的代表参加各级 QC 小组成果发表会，激发他们的积极性和创造性，增强他们的质量意识、提高他们的工作水平。

七、其他方式的激励

企业除了利用上述激励方式对 QC 小组成员进行激励外，还可以对 QC 小组的成果进行推广应用，对于不够成熟但有潜力的课题成果予以鼓励和支持，继续将其完善，达到推广应用的目的。这样做可以让小组成员有成就感和归属感，激发 QC 小组成员继续开展活动的热情。

八、我国 QC 小组激励的方式存在的问题

我国是在改革开放后全面引进 QC 小组活动的质量管理形式的，经过 30 多年的发展，已经在企业质量管理的实践中普及并取得了一些成就。但是，由于我国 QC 小组的成果编写、发布和评比方面存在严重的形式主义和教条主义倾向，在 QC 小组的激励工作中也存在一些问题，具体可以表现在以下两个方面：

1. 对 QC 小组活动成果的评审流于形式

如果评审不能切实落实，就会导致有些小组为了得到奖励而虚构事实，伪造数据、夸大效益，长期下去，就会使广大质量管理人员和员工反感，从而对 QC 小组的真实性和有效性产生怀疑，渐渐对 QC 小组失去兴趣。

2. 激励方式大多限于物质激励

目前，我国对 QC 小组成员的奖励方式过于单一，而且绝大部分停留在物质奖励上，而很少采用其他的激励方式，不能满足 QC 小组成员的非物质需要。根据马斯洛需求模型来看，人的需求是按照生理需求、安全需求、归属需求、尊重需求、自我实现需求的顺序逐层上升的。因此，物质奖励并不是首选的激励方式，物质并不是吸引员工参加 QC 小组活动的全部。因此，企业应结合自身实际情况，采用多种激励方式。

第二节　参与 TQM（全面质量管理）

什么是 TQM

一、TQM 的概念

TQM（Total Quality Management），就是全面质量管理。全面质量管理是指一个组织以产品质量为核心，以全员参与为基础，建立起一套科学、严密、高效的质量体系，以提供满足用户需要的产品的全部活动。开展

TQM 活动是一种通过顾客满意和本组织所有成员及社会受益而达到长期成功的管理途径。

二、TQM 的具体含义

1. 全面管理

全面是全面质量管理中的关键词语，第一，它是相对于生产过程的统计质量控制而言的，即运用多种手段，系统地保证和提高产品质量；第二，它是相对于生产过程而言的，即控制质量形成的全过程，而不仅仅是制造过程；第三，质量管理的有效性应当是以质量成本来衡量和优化的。因此，全面质量管理不仅仅是生产过程的管理和控制，还包括对经营和工作过程的控制。

2. 质量管理

质量管理是指一个组织以质量为中心，以全员参与为基础，通过让顾客满意和本企业所有员工以及社会受益而达到长期成功的管理途径，而产品质量是将"经济的水平"与"客户的满意"统一起来的结果。

质量管理的全过程应该包括产品质量的产生、形成和实现的过程。因此，要保证产品的质量，不仅要管理好生产过程，还需要管理好设计和使用的过程。企业质量管理的最终目的就是提高产品质量和工作质量，满足客户的需求，必须站在长远的角度来考虑问题。

3. 质量控制

质量控制活动应包括从市场调研、产品规划、产品开发、制造、检测到售后服务等产品寿命循环的全过程。

综上所述，TQM 的基本特点是全员参加、全过程、全面运用一切有效方法、全面控制质量因素、力求全面提高经济效益。

三、TQM 的核心理念

1. 一切以客户为出发点

客户即供应所提供产品的接受者，可以是组织内部的，也可以是组织外部的。要根据客户的需求来进行质量管理，务必做到让客户满意。

2. 投入与产出比例最优化

用最小的投入换取最大的产出，实现企业盈利的最大化。

3. 不断改进

建立以 PDCA 循环为基础的持续改善的管理体系。

四、TQM 的特点

1. 全面性

全面性是指全面质量管理的对象，是企业生产经营的全过程。

2. 预防性

全面质量管理注重对生产过程的质量检验，能够有效减少最终产品的不合格数量。

3. 科学性

质量管理必须具有科学性，必须更加自觉地利用现代科学技术和先进的科学管理方法。

4. 服务性

主要表现在企业以自己的产品或劳务满足用户的需要，为用户服务。

5. 全员性

全员性是指全面质量管理要依靠全体职工。

五、TQM 的优点

TQM 的优点有：

（1）缩短交货期。

（2）降低所需成本。

（3）缩短库存周转时间。

（4）提高生产率。

（5）使顾客完全满意。

（6）追求利益最大化。

班组长必须掌握的 TQM 观点

班组是 TQM 实施的重要团体，因此班组长要全面掌握 TQM 的观点，做好班组的质量管理控制工作。全面质量管理有以下几个基本观点。

一、以顾客为中心

这里的"顾客"不仅指直接购买成品的顾客，还包括接收上道工序的产品进行下道工序的再生产的顾客。以顾客为中心就是要全面体现"为用户服务"和"下道工序就是用户"的观点，通过对生产过程中的每道工序的控制，不断提高产品的最终质量，满足用户的需求。

二、全面管理

全面管理就是指企业要对产品生产的全过程、企业整体发展状况和对企业所有员工的管理。其具体内容如下：

1. 全过程管理

全过程管理就是要对产品生产的全部过程中的每一道工序的质量进行全面控制。

2. 全企业管理

质量管理不单单是质量管理部门的事，这是全企业管理的一个重要特点。全企业管理要求企业内部各单位、各部门都要参与质量管理工作，配合质量管理部门的工作，共同对产品质量负责，为产品质量达到顾客要求而努力。

3. 全员管理

全员管理要求在全面质量管理中把质量控制工作落实到每一位员工身上，而不仅仅局限于生产人员和检验人员，要让每一位员工都参与到质量管理工作中来，让每一名员工都关心产品质量。

三、以预防为主

产品不是检验出来的，而是要在生产过程中就把好每一道关，以预防为主，进行事前控制，将不合格产品消灭在检验之前，使每一道工序都处于控制状态。

四、用数据说话

用数据说话主要是针对产品或生产过程中存在的质量问题，用准确的数量反映产品质量，而不是靠经验判断。也就是说，在对质量问题做出判断时应基于正确的数据资料，根据这些资料进行进一步的加工、分析和处理，并从中找出规律，再结合专业技术和实际情况，做出正确的判断，采取正确的措施。

TQM 现场质量管理如何实施

一、TQM 过程质量管理

全面质量管理重在全面，这就要求 TQM 的内容应当包括设计过程、制造过程、辅助过程、使用过程这四个过程的质量，其中制造过程是要重点关注的，当然，其他过程也不能够忽略。

1. 设计过程质量管理的内容

设计过程指为产品和服务满足某方面的需要而进行作业确定和解决问题的过程，即在产品生产前制定方案的过程。产品设计过程的质量管理是全面质量管理的首要环节。这里所指的设计过程，包括市场调研、产品设计（包括产品的结构、成分、特征、规格、加工方法等）、工艺准备、物资准备、试制和鉴定等过程，即产品正式投产前的全部技术准备过程。

2. 制造过程质量管理的内容

将产品的设计图纸变成实物的过程，就是产品的制造过程，即对产品直接进行加工的过程，是决定产品质量的关键因素，是企业质量管理的重要环节。它的基本任务是保证产品的制造质量，建立一个能够稳定生产合格品和优质品的生产系统，主要内容是生产技术准备、生产制造、质量分析和工序控制。

主要工作内容有：

（1）生产技术准备。

1）人员准备：操作人员的技能培训、资格认证。

2）物资准备：原材料、辅助材料、能源等。

3）设备准备：生产机器、工具、夹具、模具的选择。

4）工艺准备：制定工艺方案、绘制工艺图表、编写工艺文件。

5）计量仪器准备：量具、仪器仪表。

（2）生产制造。

1）严格按照合理组织生产过程的客观规律进行生产。

2）提高生产的节奏性，实现均衡生产。

3）工作地布置合理，空气清新，照明良好，四周颜色明快和谐，噪声适度。

4）机器设备能够高效正常运转，物料和工具的存放井然有序。

5）随时对生产过程进行检查和监督，及时处理各种问题。

（3）质量分析。

1）质量分析的对象包括原材料、废品（或不良产品）、半成品和成品。

2）分析原材料质量是产品质量分析的前提。只有原材料没有问题了，才可以进行下面的工作。

3）分析废品或者不良产品的质量，可以找出异常的原因和责任，发现和掌握产生废品或者不良产品的规律，以便采取措施，加以防止和消除。

4）分析半成品，是为了在产品生产过程中避免错误，能够减少成本损失。

5）分析成品，是为了全面掌握产品达到质量标准的动态，以便改进和提高产品质量。

（4）工序控制。

1）对关键工序的工艺文件、工艺装备和生产装备进行验证。

2）对零部件全部生产线进行验证。

3）对产品形成全过程生产线进行验证。

4）组织工序质量控制应当建立管理点。管理点是指对生产过程中的各道工序进行全面分析的基础上，把在一定时期内、一定条件下，需要特别加强和控制的重点工序或重点部位，明确为质量管理的重点对象。

管理点的建立应考虑的方面有：质量不稳定的工序；产品合格率低的工序；工艺本身有特殊要求的工序；对以后工序加工或装配有重大影响的工序；用户普遍反映或经过试验后反馈的不良项目。

5）企业工序质量控制还应当严格贯彻执行工艺纪律，强调文明生产，通过制作控制图来进行对工序质量的控制。

3. 辅助过程质量管理的内容

为保证生产过程实现预定的质量目标，保证基本生产过程的正常运行而提供各种物料技术条件的过程叫作辅助过程。它包括物料采购供应、动力生产、设备维修、工具制造、仓库保管、运输服务等。

4. 使用过程质量管理的内容

使用过程是指产品售出后客户进行使用的过程。它可以考验产品实际质量，是全面质量管理的出发点和落脚点。这一过程质量管理的根本目的是服务于客户（包括售前服务和售后服务），保证产品的实际使用效果，不断促使企业研究和改进产品质量。

二、现场质量管理

现场质量管理是指从原料投入到产品完成入库的整个生产制造过程中所进行的质量管理。它的工作重点大部分都集中在生产车间。现场质量管理的目标，是通过保证和提高产品质量、服务质量和施工质量，降低物质消耗，从而生产出符合设计质量要求的产品，即实现符合性质量。现场质量管理的内容有四个方面：质量缺陷的预防（即预防产生质量缺陷和防止质量缺陷的重复出现）、质量的保持、质量的改进和质量的评定。

现场质量管理以生产现场为对象，以对生产现场影响产品质量的有关因素和质量行为的控制和管理为核心，通过建立有效的管理点及质量预防体系，制定严格的现场监督制度、检验和评价制度、质量改进制度以及现场信息反馈制度，从而形成一个全方位的质量保证体系，严格地对整个生产过程进行控制，从而确保生产现场能够稳定地生产出合格品和优质品。

三、现场质量管理对人员的要求

1. 对操作人员的要求

（1）认真学习、了解、掌握现场质量管理的基础知识，懂得现场管理的基本操作方法，如了解现场与工序所用数据记录表、控制图或其他控制手段的用法及作用，会计算数据。

（2）清楚地掌握所操作工序管理点的质量要求。

（3）掌握操作规程和检验规程，严格按照作业标准书和检验规程的规定进行标准化操作和检验，保证现场操作的质量。

（4）掌握本人操作工序管理点的支配性工序要素，认真贯彻执行被纳入操作规程的支配性工序要素；监督由其他部门或人员负责管理的支配性工序要素。

（5）采取自检的方式进行质量管理，认真贯彻执行自检责任制和工序管理点管理制度。

（6）坚持全心全意为客户服务的思想，定期访问用户，采纳用户的正确意见，不断提高本工序质量。

（7）填好数据记录表、控制图和操作记录，按规定时间抽样检验、记录数据并计算打点，保持图、表和记录准确无误，实事求是，不弄虚作假。

（8）在现场中发现工序质量有异常波动，应立即分析原因并采取措施。

2. 对检验员的要求

（1）重点检验建立管理点的工序，除检验产品质量外，还应检验、监督操作人员对工艺及工序管理点的管理力度，防止违章作业。

（2）随时在现场进行巡回检验，督查管理点的质量特性及该特性的支配性工序要素，如发现问题应帮助操作人员及时找出原因，并帮助其采取措施解决。

（3）熟记所负责的检验现场的质量要求及检测试验方法，一切按照检验指导书进行。

（4）掌握现场质量管理所用的图、表或其他控制手段的用法和作用，并通过抽检来核对操作人员的记录以及控制图点是否正确。

（5）根据操作人员的自检记录，计算他们的自检准确率，并按月公布和上报。

全面质量控制的基本要领是什么

一、什么叫全面质量控制

全面质量控制是以组织全员参与为基础的质量管理形式，其含义远远超出了一般意义上的质量管理的领域，而成为一种综合的、全面的经营管理方式和理念。主要有两个方面的含义：

（1）全面控制，即以优质为中心，实行全体员工、全过程、全方位控制。

（2）全面质量的控制，包括产品质量和工作质量的控制。

在市场经济快速发展的今天，"质量第一"、"以质量求生存"已是一条颠扑不破的真理。全面质量控制即是一种能够保证产品质量的完善的科学管理体系，是现代企业系统中不可分割的组成部分，是企业管理的重要环节。

二、全面质量控制的步骤

全面质量控制的步骤有：

（1）找出问题。

（2）找出影响因素。

（3）明确重要因素。

（4）提出改进措施。

（5）执行措施。

（6）检查执行情况。

（7）处理遗留问题。

三、全面质量控制的基本要领是什么

1. 设备控制，保证机器正常运行

（1）设计质量检测程序，或设备本身具有自动检测装置。

（2）对机器设备做好检查、维修和保养工作，使机器设备保持良好的运作状态。

2. 人员控制，保证技能质量

（1）对员工进行岗前培训。

（2）将员工安排在最适合的岗位上。

（3）员工调换岗位或者离岗 1 个月以上，如果需要重新上岗，必须经过重新考核和审批。

（4）操作证年审，每年组织一次由设备、质量、工艺人员组成的考核组对所有岗位生产者进行一次现场考试，必须通过考试才能上岗。

（5）培养员工的参与意识，鼓励员工参与现场管理。

3. 物料控制，保证物料质量

（1）物料要检验合格后才能进厂。

（2）领取物料时要检查外观质量和防护情况。

（3）生产的每道工序都要对所上物料进行把关，互检外观和关键尺寸。

（4）物料一定要按规定分类管理和摆放。

4. 环境控制，改善产品质量

（1）工作环境要保持干净、整洁、安全。

（2）工作环境要符合环境保护和职业健康安全的法律、法规的要求。

5. 方法控制，提高产品品质

（1）明确作业方法，提供准确、完整、统一的作业标准书。

（2）示范作业，对员工作业进行指导。

（3）标准改变时，要及时培训。

第三节　质量控制技术（QCT）的运用

特性要因图

一、特性要因图的定义

特性要因图是指有系统地整理工作的结果和原因的图形。也就是说，一个问题的结果或特性（特性就是长度、进度、良率等代表制品品质特性的要素的简称）受到一些原因（要因）的影响时，将这些影响加以整理，做成有相互关系而且有条理的图形。特性要因图形状像鱼的骨头，又称鱼骨图、鱼刺图、树枝图、石川图。

二、特性要因图可以分析的问题

1. 产品质量的特性

如寿命、尺寸、废品件数、不合格率、透光度、纯度等。

2. 成本特性

如管理费用、价格、工时数等。

3. 数量特性

如交货时间、产量、计划时间等。

三、特性要因图的基本形状

特性要因图的基本形状如图 7-1 所示。

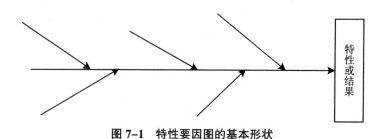

图 7-1　特性要因图的基本形状

四、绘制特性要因图的方法

绘制特性要因图的方法有：

（1）确定要探讨绘制技巧的特性，从左边开始画一条线，箭头对准特性代表造成特性的原因。

（2）利用 4M1E 的思维模式找出大方向原因，如材料（Material）、机器（Machine）、人员（Man）、方法（Method）、检测（Measure）和环境（Environment），用中箭头与主箭头呈现 45 度角画在主箭头两侧。

（3）找出大原因形成的原因，用小箭头表示，画在中箭头旁边。如有必要，可再次细分，直到可以直接采取行动为止。

（4）画完后，检查整个图形，查看各箭头末端的因素中有无遗漏，如有遗漏，再进行补充。

（5）在图中标明制作人员、参与者、绘制日期等有关事项。

五、制作特性要因图的注意事项

制作特性要因图的注意事项有：

（1）不能使用含混不清或抽象的主题确定特性或结果。

（2）可采用脑力激荡法（如严禁批评、思考自由）收集多数人的意见。

（3）无因果关系者，不予归类。

（4）重点应放在解决问题上，并依据结果提出对策，其方法可根据这些原则进行：为何必要、目的何在、在何处做、何时去做、由谁来做、方法如何、费用多少等。

（5）以事实为依据，灵活使用过去收集的资料。

（6）层别区分（原因区分、机种区分、设备区分、生产线区分等）。

（7）依据结果分别制作不同的特性要因图。

柏拉图

一、柏拉图法概述

1. 柏拉图法的来源

柏拉图法来源于意大利经济学家柏拉图的"柏拉图法则"。1987 年，意大利经济学家柏拉图分析社会经济结构，发现绝大多数财富掌握在极少数人手里，称为"柏拉图法则"。美国质量学专家朱兰博士将这一法则应用到质量管理中来，创造出适用于质量管理的"柏拉图原理"。

2. 柏拉图法的定义

柏拉图法是指根据收集的数据、项目，以不良原因、不良状况、不良发生的位置分类，计算各项目所占的比例，并按其大小顺序，自左而右排列的图，再加上累积值的图形。柏拉图法又称排列图法或主次因素分析图法。

二、柏拉图法的应用

企业可以运用柏拉图法从影响产品质量的众多因素中找到起关键作用的因素，有利于企业用有限的资源解决更大的、更关键的问题，从而取得更好的经济效益。如从工厂来看，可能找出影响产品品质的主要工序是铸造和金属加工，而这两组工序内部又可以分别找出主要产品的主要部件，关键零件及关键工序等。由此可见，柏拉图法可以步步深入、具体地找出有关影响产品品质的根本原因。柏拉图法还可以应用在：不良率、士气、时间管理、成本、营业额、安全、医疗等方面。

三、柏拉图的用途

柏拉图的用途有：

（1）用于发掘现场的重要问题点。

（2）识别进行质量改进的机会。

（3）决定改善的目标。

（4）作为降低不良率的依据。

（5）不同条件的评价。

（6）整理报告或记录。

（7）按重要顺序显示出每个质量改进项目对全部质量问题的作用。

（8）确认改善效果。

（9）识别对质量问题最有影响的因素，并加以确认。

四、柏拉图法的基本形状

柏拉图的基本形状如图 7-2 所示。

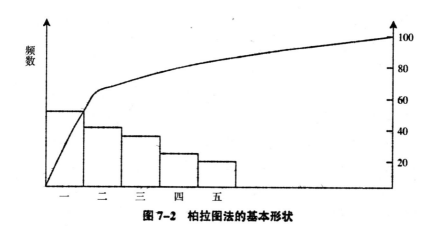

图 7-2　柏拉图法的基本形状

五、柏拉图的制作

1. 柏拉图的制作步骤

（1）选择要进行质量分析的项目。

（2）选择用来进行质量分析的度量单位，如出现的件数（次数、频数）、金额、成本或其他。

（3）选择进行质量分析的数据的时间间隔。

（4）画横坐标。

（5）画纵坐标。

（6）在每个项目上画长方形，它的高度表示该项目度量单位的量值，显示出每个项目的影响大小。

（7）由左到右累加每个项目的量值（以％表示），并画出累计频率曲线（帕累托曲线），用来表示各个项目的累计影响。

（8）利用柏拉图确定对质量改进最为重要的项目（关键的少数项目）。

2. 柏拉图法的绘制要点

柏拉图的图形很简单，由两个纵坐标、一个横坐标、若干直方形和一条折线构成。其绘制要点有以下几个方面。

（1）图中横坐标表示影响产品品质的因素或项目，一般以直方的高度显示各因素出现的频数，并按由大到小的顺序从左到右按频数的多少排列。

（2）一般情况下，在图中设置两个纵坐标，事件出现的频数（如各因素直接造成的不合格产品件数）或不合格产品等损失金额可以由左侧的纵坐标表示，用事件发生的频数占全部件数的百分比（频率）表示右端的纵坐标。

（3）依次累加各因素所占百分比，求得各因素的累计百分比（累计频率），然后将所得的各因素的顺次累计百分比逐一标注在图中相应的位置上，并将其以折线连接，即是柏拉图曲线。

六、使用柏拉图法的注意事项

使用柏拉图法应注意：

（1）找出的主要因素不要过多，一般来说，关键的少数项目应是本 QC 小组有能力解决的最突出的一个，否则就失去找主要矛盾的意义，要考虑重新进行项目的分类。

（2）当主要因素基本解决后，将原来次要的因素上升为主要因素，可以在再做柏拉图曲线来分析处理。

（3）表示纵坐标时，要以找到"主要项目"为准。

（4）不太重要的项目很多时，横轴会变得很长，这时可以适当合并一般因素。通常都把这些列入"其他"栏内，放在横坐标的末端。

层别法

一、层别法概述

1. 层别法的定义

层别法又称分类法、分组法、分层法。层别法是按照类别来进行数据收集，按照它们共同的特征加以分类、统计的一种统计分析方法。在使用层别法时，可以将层别对象分为工艺方法、作业人员、部门、地点、设备等几组，再按照一定的要求和目的对其进行分类整理，以便进行比较分析。层别法是整理数据的重要方法。

2. 层别法的应用

层别法是一种为了区别各种不同的原因对结果的影响，而以个别原因为主，分别统计分析的一种方法。层别法主要用于各种不同原因对结果影响的分析。企业在使用层别法时，应首先将影响因素进行分类，如可以分为原材料、工艺方法或设备等，再针对各类因素，收集数据，并找出各层之间的差异，最后对这些差异进行改善。除此之外，层别法还可以以个别原因为主，如原材料，寻找出数据的某项特性或共同点，对现场中的问题即时判断，分别统计分析，以寻找出最佳条件改善品质。在进行分层时，要利用专业知识，根据分层的目的进行分层，并尽量加大同一层次内的数据波动（或意见差异）幅度，以符合周延和互斥的原则。

二、分层法的操作步骤

1. 收集数据或意见

收集数据或意见，并对数据的性质进行分类记录，如每天都要记录传票、作业日记等。

2. 按层归类

用 5W2H（What、Where、When、Who、Why、How、How Much）的方法对产品进行标记，然后对不同的产品进行区分，如良品或待修品要分层别放置。

3. 依层作图

利用收集和记录的资料整理数据，并绘制相应图表。

三、分层对象及其具体内容

分层的目的不同，分层的标志（通常用人员、材料、设备、时间、环境、测量等作为分层的标志）也不一样。

1. 以人员分层

以人员分层是指按组别、性别、年龄、熟练度、职称、受教育程度等分层。

2. 以材料分层

以材料分层是指按供应商、零件批次、生产日期、生产地点、成分、材料等级等进行分层。

3. 以设备分层

以设备分层是指按设备名称、厂商、位置、型号、新旧程度等进行分层。

4. 以时间分层

以时间分层是指按季度、月、周、日、时等进行分层。

5. 以环境分层

以环境分层是指按作业方法、检验方法、工作场地、温度、照明、湿度等进行分层。

6. 以测量分层

以测量分层是指按测量人员、测量方法、测量工具、取样方法等进行分层。

7. 其他分层

其他分层主要有按产品的缺陷部位、错误项目、发生位置、使用条件、地区进行分层。

四、使用层别法的注意事项

使用层别法应注意：

（1）在使用层别法时，收集数据是一项相当费时费力的工作，还要对数据进行分类，并做再一次的统计工作，在这个过程中可能统计的数据并不是合适的数据，还得重新收集，因此，可以在收集数据之前，就对各类数据的条件、背景做认真的考虑，先把它层别化，再开始收集数据。

（2）有时候在使用其他质量控制方法的时候也会用层别法来发现问题或原因，如柏拉图、查检表、散布图、直方图等。以制作柏拉图为例，如果设定的项目太多或设定项目中其他栏目所估的比例过高，就难以把握问题的关键点，就会导致层别不良，另外直方图的双峰形或高原形都有层别不良的问题。

查检表

一、查检表的定义

查检表是为了便于收集数据，记录某种事件发生的频率，使用简单的数据和容易理解的方式，制成图形或表格，必要时标上检查记号，并对其进行统计整理，以做进一步分析或作为核对、检查之用。

二、查检表的分类

最常用的查检表有：记录查检表、点检查检表、操作查检表、不合格项目的查检表、工序分布查检表、缺陷位置查检表等。

三、制作查检表的步骤

一般来说，查检表的制作按照以下步骤来进行：

1. 明确检查目的

为了将来能够提出更好的改善对策数据，必须把握现状进行解析，以与使用目的相配合。

2. 确定检查项目

检查项目可以从特性要因图圈选的项中选择。

3. 明确检查方法

常用到的检查方法有全数检查和抽样检查。

4. 确定检查时间及数量等

如要确定查检数量、查检时间与期间、查检基准、查检对象，并确定收集者、记录符号等。

四、查检表的使用

使用查检表时，数据收集完成应马上使用。首先，要观察整体数据是否代表某些事实；是否因时间的推移而产生变化；是否集中在某些项目或各项目之间是否有差异。其次，要特别注意周期性变化的特殊情况。此外，使用查检表时要将数据及时与措施结合，如果检查项目是很久以前制定或不符合实际情况的，必须重新研究和修订。

散布图

一、散布图的定义

散布图又称相关图，是用来表示一组成对的数据之间是否有相关性的一种图表。具体来说，它是为研究两个变量间的相关性而搜集成对二组数据（如温度与湿度，或海拔高度与湿度等），将两个可能相关的变量数据用点画在坐标图上，用来表示一组成对的数据之间是否有相关性。这种成对的数据或许是"特性—原因，特性—特性，原因—原因"的关系。通过对其观察分析，来判断两个变量之间的相关关系。

二、散布图的制作

1. 散布图法的制作步骤

散布图法是企业在质量管理过程中经常用到的质量管理工具，如判断热处理时钢的淬火温度与硬度的关系，冶炼某种钢时钢液的含碳量与冶炼时间的关系，棉纱的水分含量与伸长度之间的关系，零件加工时切削用量与加工品质的关系等，都会用到这种方法。

那么，该怎样制作散布图呢？

（1）收集两变数间对应相关数据，数据至少要取 30 组以上。

（2）X 与 Y 应一一对应，为保证必要的判断精度，找出数据中 X、Y 的最大值与最小值。

（3）在横轴（X）与纵轴（Y）上各列出质量特性。根据所测得的观测值 X 与 Y，准备坐标纸，画出纵轴、横轴的刻度，计算组距。

（4）以坐标点形式把两组对应数据绘在坐标上。

（5）如果两组数据相同，可以另做记号表示。

（6）在图中填上附加信息，如品名、工程名、日期、制表人等。

2. 制作和观察散布图的注意事项

（1）在使用散布图调查两个因素之间的关系时，应尽可能固定对这两个因素有影响的其他因素，才能使通过散布图得到的结果比较准确。

（2）要注意对数据进行正确分层，否则可能做出错误的判断。

（3）在作图时，如果收集到的数据较多，可以用相关的标识（双重圈、多重圈）或者在点的右上方注明重复次数。

（4）观察是否有异常点或离群点出现。在观察时发现存在异常点或离群点时，应查明发生的原因，如果调查结果显示它是由于不正常的条件或错误造成的，就应将它剔除；如果找不出它出现的原因，应慎重处理，它们很可能包含着我们还没有认识到的其他规律。

3. 散布图的制作要点

（1）确定自变量 X 的变动在一个足够大的范围内。如果 X 只在一个小范围内变动，就算二者之间确实有相关关系，也可能导致无法看到它与 Y 的相关性。

（2）如果根据落在检验范围以外的 X 值对 Y 做预测，这样的预测称为外推法。这时就要注意做充分的测试。

（3）还要注意那些没有被考虑的变量的影响。

（4）注意"偶然事件"数据。偶然事件数据主要指过去收集的数据。偶然事件数据仅被用于为进一步的调查提供想法，而不是用来得到最终结论。偶然事件数据可能导致真正重要的变量并没有被记录下来。例如记录可能会显示出缺陷率和偏移之间的关系。然而，可能导致缺陷的原因是周围的温度，它与偏移一起发生了改变。

（5）如果自变量存在不止一个来源，则需要试着给每个来源使用不同的符号。

三、散布图的判读

1. 散布图的判读及其对应的图形

（1）强正相关如图 7-3 所示。

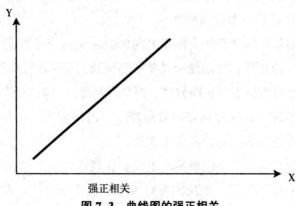

图 7-3　曲线图的强正相关

（2）弱正相关如图 7-4 所示。

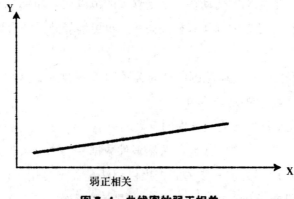

图 7-4　曲线图的弱正相关

（3）强负相关如图 7-5 所示。

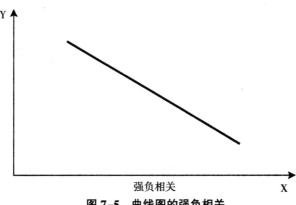

图 7-5 曲线图的强负相关

（4）弱负相关如图 7-6 所示。

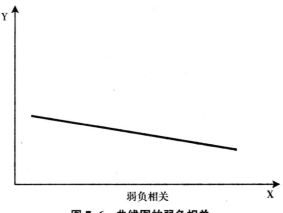

图 7-6 曲线图的弱负相关

（5）曲线相关如图 7-7 所示。

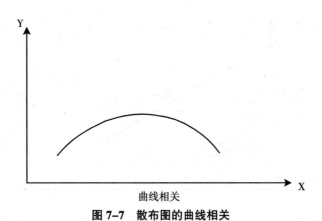

曲线相关

图 7-7　散布图的曲线相关

（6）无相关如图 7-8 所示。

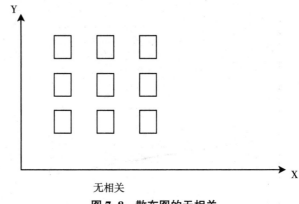

无相关

图 7-8　散布图的无相关

2. 判读散布图的注意事项

（1）看是否有层别必要。

（2）不能只依据技术、经验做直觉的判断。

（3）是否为假相关。

（4）注意有无异常点。

（5）数据太少，易发生误判。

直方图

一、直方图的定义

直方图是通过数据统计整理发现质量规律，据此来判断和预测生产过程质量的一种常用方法。具体来说，它是根据从生产过程中收集来的品质数据分布情况，将所收集的测定值或数据（如长度、重量、时间、硬度等）的全距分为几个相等的区间作为横轴，以频数为高度（纵轴），并将各区间的测定值所出现次数累积而成的面积用柱子排列起来的直方形矩形图。它又称柱状图或质量分布图。

二、直方图的作用

直方图将质量问题进行图表化处理，一目了然地呈现在人们面前。它可以起到以下作用：

（1）直方图对收集到的看似无序的数据进行处理，反映产品质量的分布状况。

（2）可以依据产品质量的分布情况判断和预测产品的整体质量及不合格率。

（3）根据众多数据的分布情况，可以了解总体数据的中心和变异，据此推断产品质量将来的发展趋势。

（4）直方图还可以用来验证工序的稳定性，计算工序能力是否足够等方面的内容。

三、直方图的类型

1. 正常型

正常型直方图是指过程处于稳定的图形，它的形状是中间高、两边低，左右近似对称。其特点是中心附近频数最多，离开中心逐渐减少，主要看整体形状，如图 7-9 所示。

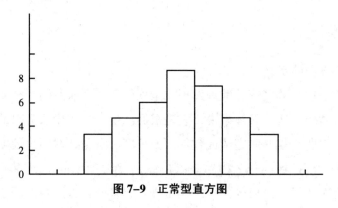

图 7-9　正常型直方图

2. 锯齿型

锯齿型直方图一般都是由于制作的方法或数据收集的方法不正确造成的。其特点是凹凸不平，没有任何规律可循，就像被随意折断的尺子。如图7-10 所示。

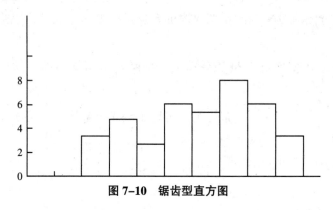

图 7-10　锯齿型直方图

3. 双峰型

双峰型直方图的特点是直方图中左边和右边各出现了 1 个峰，中心附近的频数较少。这种形状的直方图是由两种不同的分布相混合产生的，如两种不同的原料或两台机器间有差异时。如果出现这种情况，应该在进行层别后重新制作。如图 7-11 所示。

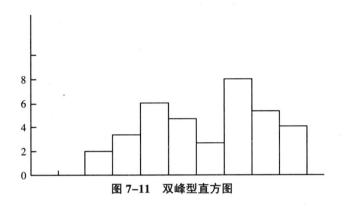

图 7-11　双峰型直方图

4. 绝壁型

绝壁型直方图的特点是有明显的向左或者向右倾斜情况，就像高山的陡壁一样。通常表现在产品质量较差时，为了符合标准的产品，需要进行全数检查，以剔除不合格产品。当用剔除了不合格产品的产品数据做频数直方图时容易产生这种陡壁型，这是一种非自然形态。绝壁型的直方图从理论上来看，是由于规格值无法取得某一数值以下造成的，但是实际上，在质量特性上并没有问题。如图 7-12 所示。

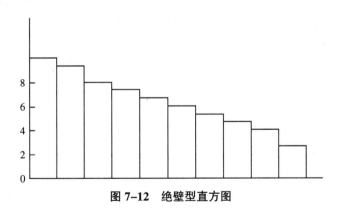

图 7-12　绝壁型直方图

5. 高原型

高原型直方图的特点是很平坦，各个因素不相上下，没有突出的顶峰。造成这种情况的原因有：多个总体分布混在一起；生产过程中某种缓慢的倾向在起作用，如工具的磨损、操作者的疲劳等；质量指标在某个区间内均匀变化。高原型的直方图是由不同平均值的分配混合在一起造成的。如图 7-13 所示。

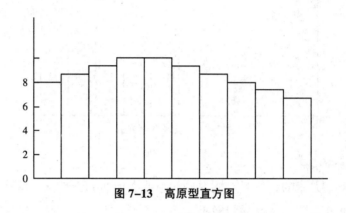

图 7-13 高原型直方图

6. 离岛型

离岛型直方图的特点是在直方图旁边有孤立的小岛出现，这就反映了生产过程中出现过异常情况，如原料发生变化、不熟练的新工人替人加班、测量有误等，都会造成离岛型分布，应及时查明原因、采取措施。离岛型的直方图是由于测定有错误、工程调节有错误或使用不同原料造成的。如图 7-14 所示。

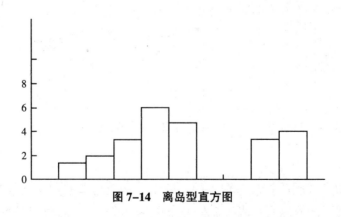

图 7-14 离岛型直方图

7. 偏态型

偏态型直方图的特点是图的顶峰有时偏向左侧、有时偏向右侧。偏左的原因一般是某种原因使下限受到限制，如用标准值控制下限，摆差等形位公差，不纯成分接近于 0，疵点数接近于 0。偏右的原因一般是某种原因使上限受到限制，如用标准尺控制上限，精度接近 100%，合格率也接近 100%。此外，偏左、偏右都会受工作习惯的影响。偏态型的直方图多是由加工习惯造成的。如图 7-15 所示。

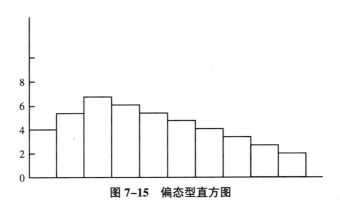

图 7-15　偏态型直方图

四、直方图的制作

1. 直方图的制作步骤

（1）收集数据或样本，数据或样本的数量至少要在 50 个以上，最好在 100 个以上，求出其最大值和最小值。

（2）确定组数，将数据分成若干组，最好分成 6~20 组，并做好记号。

（3）计算全距组距的宽度，用最大值减去最小值可得到全距，再由全距除以组数得到组距。

（4）计算各组的界限位，定组界。

（5）统计各组数据出现频数，确定中心点，做频数分布表。

（6）以组距为底长，以频数为高，填上数据源、次数、平均值、规格、日期等，做各组的矩形图。

2. 直方图的基本图形

直方图的基本图形如图 7-16 所示。

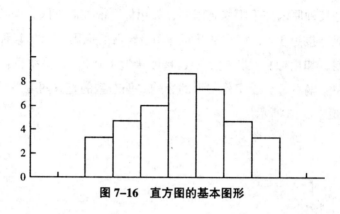

图 7-16　直方图的基本图形

企业在生产产品的过程中，产品的加工尺寸可能会有所波动，这种波动分为正常波动和异常波动。正常波动对产品质量影响较小，是偶然性原因或者不可避免的因素造成的，在技术上难以消除。异常波动则对产品质量影响很大，是由系统原因或某些异常的因素造成的。出现异常波动时，可以采取措施避免和消除。

管制图

一、管制图的定义

管制图又称控制图、管理图，是一种通过实际产品质量特性过去经验所判明的制程能力的管制界限比较，并以时间顺序控制界限的质量管理图表。具体来说，就是在直角坐标系内画有控制界限，描述生产过程中产品质量波动状态的图形。

二、管制图的作用

管制图的作用有：

（1）通过观察管制图，观察数据点分布情况并判定生产过程状态，分析生产过程是否稳定，了解制程能力。

（2）定时从取得的数据中抽取样本，将其以小点的形式描在图上，及时掌握异常波动，克服影响因素，维持制程稳定。

（3）应客户的要求，给客户提供控制质量的依据。

三、管制图的分类

企业在质量管理中，用到的管制图有计量值管制图和计数据管制图两种。

1. 计量值管制图

计量值管制图是指作图时所依据的数据都是由量具实际测量得到的。如平均值与标准差管制图、平均值与全距管制图、个别值与移动全距管制图、中位值与全距管制图等，就属于这类管制图。

2. 计数据管制图

计数据管制图是指作图时所依据的数据均属于以单位计数的图形（如不良数、缺点数等）。如不良数管制图、单位缺点数管制图、缺点数管制图、不良率管制图等，就属于计数据管制图。

四、管制图的基本形式

管制图的基本形式如图 7-17 所示。

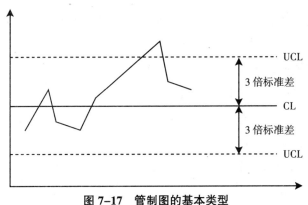

图 7-17　管制图的基本类型

五、制作管制图的步骤

1. 选择质量特性

选择的质量特性应该是影响产品质量的关键特性，这些特性要计数（或计量），并且在技术上可以控制。

2. 收集数据

收集数据时，要在工序能力充足的条件下，收集近期的、与目前工序状态一致的数据。数据总数不少于100，然后将数据分为若干组，每组样本容量相同。

3. 确定管制界限

确定管制界限时首先应求得每组样本质量特性值统计量的观测值，然后再对所有样本组观测值的平均数进行计算，最后根据得到的平均值确定管制图的中心线（CL）和控制上限（UCL）及控制下限（LCL）。

4. 绘制管制图

根据之前得到的控制上限、控制下限以及中心线绘制管制图，按产量间隔或一定的时间间隔对整体进行随机抽样，测定样本中的个体的质量特性值，然后将这些值以小点的形式描在坐标图上。

5. 修正管制界限

如果所抽取的样本不能正确地表现质量总体的分布特征，就应该在管制图上标出各样本统计量的观测值，找出异常点，分析原因。如确系某种系统性原因造成的，则将其剔除。然后，根据剩下的那些样本统计量观测值，重新计算控制界限，绘制控制图。

六、管制图的观察与判读

通过对管制图上的点进行观察和分析，可以判断生产过程是否处于稳定状态，进而反映出生产过程（总体）的质量分布状态。当管制图同时满足以下两个条件时，说明生产过程基本上处于稳定状态：

1. 管制图上的点几乎全部落在管制界限内

具体来说应满足以下三个要求：

（1）有25个以上的点处于管制界限内。

（2）连续35个点中仅有1个点超出管制界限。

（3）连续100个点中不多于2个点超出管制界限。

2. 管制图内点的排列没有缺陷

这个条件是指管制图内点的排列没有出现"周期性变动"、"链"、"趋势或倾向"、"多次同侧"、"接近控制界限"等情况。也就是说，点的排列是随机的，而没有出现异常现象。

第四节　推进质量管理的 PDCA 循环

什么是 PDCA 循环

一、PDCA 循环的来源

PDCA 循环是由美国质量管理专家休哈特博士首先提出来的，由戴明采纳、宣传，获得普及，因此，也被称为"戴明环"。到目前为止，还没有出现过可以适用所有企业的管理模式，然而 PDCA 循环是能使任何一项活动有效进行的工作方法，特别是在生产管理（尤其是质量管理）中得到了广泛的应用，是全面质量管理所应遵循的科学程序。

二、PDCA 循环的含义

PDCA 循环中 P、D、C、A 分别指 P（Plan）—计划、D（Do）—执行、C（Check）—检查、A（Action）—调整（或处理）。它们代表的意义如下。

1. 计划

计划确定是指实施 PDCA 循环的方针和目标以及制订活动计划。

2. 执行

执行就是根据计划开始具体运作，实施计划中的内容。

3. 检查

对计划实际执行的效果进行检查，比较和目标的差距。根据检查结果进行分析，找出问题。

4. 调整（或处理）

调整（或处理）是指对员工在工作中的成功经验加以肯定，并将其纳入标准化的指导书中或制定作业指导书，便于以后工作有章可循。对没有解决的问题要及时查明原因，进行下一个 PDCA 循环，这样周而复始，不断推进工作的进展。

三、PDCA 循环的基本模型

PDCA 的基本模型如图 7-18 所示。

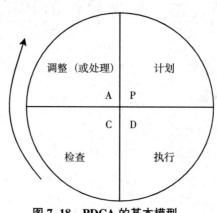

图 7-18　PDCA 的基本模型

班组 PDCA 循环的特点

班组是企业最基本的生产单元，是企业这一大 PDCA 循环的一个子目，班组的 PDAC 循环是支持企业"大循环"的基础。

在班组中，PDCA 循环可以简述为：P—确定班组方针、工作目标及活动计划；D—执行计划中确定的目标和任务；C—检查执行结果，对比结果与目标值，发现执行过程中存在的问题；A—处理检查结果，根据检查结果进行分析，将行之有效的成功经验纳入班组各项规定或标准化作业中，并在全班组中予以推广和应用，对没有成效的结果要总结教训，避免下次再犯，对没有解决的问题和遗留问题放到下一个 PDCA 中进行解决。

分析班组管理的 PDCA 循环，可以发现其具有以下几个方面的特点：

一、周而复始

PDCA 循环的四个过程是周而复始进行的，而不是运行一次就完结。因为，在质量管理中，会不断地出现各种各样的问题。一个 PDCA 循环可能会解决一个或一部分问题，但可能还有问题没有解决，又出现了新的问题，这就需要接着再进行一个 PDCA 循环，依此类推，周而复始。

二、大环套小环，小环保大环，推动大循环

班组中甚至每个成员都有一个 PDCA 循环，这样通过质量计划指标连接起来，一层一层地解决问题。上一级的管理循环是下一级管理循环的根据，下一级的管理循环又是上一级管理循环的组成部分和具体保证。通过各个小循环的不断转动，推动上一级循环，以至于整个企业循环不停转动，有机地构成一个运转体系。

三、阶梯式上升

PDCA 循环不是停留在一个水平上的循环，每通过一次 PDCA 循环，都要进行总结，提出新目标，再进行第二次 PDCA 循环，这样不断解决问题的过程就是水平逐步上升的过程，PDCA 每循环一次，质量水平和管理水平均提高一步。

班组 PDCA 循环的实施步骤

班组在实施 PDCA 循环时，可按照以下八个步骤来做：

（1）QC 小组成员首先要对班组生产和管理现状进行分析，寻找现场管理以及各个生产环节法存在的问题。可以采用排列图法、直方图法、管制图法等方法进行分析。分析时，应注意以下两个问题：

1）分析现状就是要收集事实和数据，如××的不良率、××××的不合格率等，收集时应依据正确的原始记录，绝不采用弄虚作假、来历不明的数据，否则于事无补，反而有害。

2）对收集好的数据必须经过整理，揭露这些数据包含的本质，并进行分类、分层，加以比较分析。

（2）通过特性要通过图找出影响因素，并对质量问题进行分析。主要方法有散布图法、特性要因法等。

（3）从问题的各种因素中找出影响质量的主要因素，可以采用散布图法、管制图法等。

（4）班组长要组织班组成员针对问题的主要因素利用散布图等，对每个主因有针对性地制定整改措施，明确下列问题：

1）为什么要制定整改措施？

2）具体在班组的哪一个环节上执行该项措施？

3）需要在什么时间完成？

4）该措施需要达到的目标是什么？

5）完成的具体方法是什么？

6）由哪位班组成员负责完成？

（5）按照措施计划的要求，在班组生产过程及管理中实施整改计划。

（6）班组长应注意检查作业是否按照标准和规程进行，还可以组织技术精湛的班组成员对得出的数据和结果进行检查评估，并与要求达到的目标进行对比。这时可以采用查检表法、管制图法、抽样检验等方法。

（7）一个 PDCA 循环的作业结束后，班组长应及时召开班组会议，对检查结果进行总结，将成功经验提炼成工作标准，完善目前的工作规程、相关制度，使其能更好地指导班组生产活动。

（8）对在循环中没有得到解决或发现的新问题转入下一个循环中。班组生产和管理在一个个法 PDCA 循环法的作业中不断总结经验，进而不断提高产品质量。